ほどほどを望む人に捧ぐ「逆説」の働き方指南

波風を立てない仕事のルール

ビトウ　カツユキ
尾藤克之

きずな出版

この理不尽な社会で
生きていくあなたへ

これは私が、とあるコンサルタント会社に勤務していたときのことです。

この出来事を、私はいまでも思い出します。

当時、ある案件を受託し、私が中心となって進めていたプロジェクトがありました。簡単に言えば、ピアノの販路開拓プロジェクトです。

そのときの日本のピアノ市場は、ヤマハとカワイ（河合楽器製作所）で9割のシェアを占めていました（おそらく今も状況は変わらないと思います）。

しかし、それ以外にも日本には多くのピアノメーカーがあり、独自の製品を作っています。そして実は、そうしたメーカーの7割がS県に集中していたのです。

そこで、S県は大手メーカーに対抗すべく、予算をかけて、自分たちの県内にあるピアノメーカーを集めた「ピアノ組合」の製品を世間に広めようとしたのです。

とはいえ、この販路開拓はそう簡単なことではありません。

想定された販売チャネルはホームセンター、通信販売、音楽大学等での実演販売、百貨店の4種類。主要なチャネル先の担当者と交渉をして、実現可能性などをレポートにまとめるのが私の仕事でした。結果が想定できましたので、上司からは「時間をかけないように」との指示が出ていました。

さて実際にそれぞれの担当者と話をしていくと、案の定、当初想定されたチャネルは全滅です。価格的な問題と、ピアノの大きさがクリアできませんでした。この時点で私は、上司からプロジェクト完了を指示されます。

しかし、この結果に釈然としない私は、数日頭を空っぽにして、なんとか別の販売チャネルの可能性がないものか検討していました。

その結果、私の頭に1つの可能性が浮かび上がります。それはショールーム販売です。これなら実現できるかもしれないと考えました。

当時、大きなショールームを所有し、ピアノを置くことができて、価格的な問題をクリアできる場所は日本に1箇所しかありませんでした。数年前に経営権を巡る父娘の騒動で有名になったあの家具メーカーです。

早速電話をしてみたところ、現社長（当時は経営企画室長）とコンタクトが取れ、幸運にもすぐに社長（父親）と面会することができました。

その家具メーカーが出した条件は、「ショールームを引き立てるデザインのピアノであればOK」というもの。さらに、ヤマハ、カワイといったメジャーなメーカーの製品よりも、特異な「ピアノ組合」の商品に興味を持っていただけました。

結果的に、ショールーム販売は実現して、新たなチャネル開拓の成功例として社内外でも話題になりました。私が今までに経験したプロジェクトの中でも印象深いものとして記憶に残ります。

しかし、最終報告会を前に、私はプロジェクトから外されました。

理由はいくつかありますが、上司が手柄を独占したかったのだと思います。もともとショールームで販売するというのは上司の案ではなく、私が勝手に思いついて行動したことだったというのも、気に入らなかったのでしょう。

ただ、これはコンサル界隈《かいわい》ではよくある話です。そのため、私はさほど気にしていませんでした。

問題はこのあとです。

じつは、最終的にこのプロジェクトは頓挫《とんざ》してしまいました。私が外れたあと、ショールームに置くピアノをめぐって調整がうまくいかなかったことが原因でした。

そしてなぜか、最終的に頓挫した責任は、私に押し付けられることになったのです。

「君はトラブルを引き起こして、投げ出したそうだな」

連日、役員から呼び出され、詰問を受けて、強引に謝罪文を書かされました。

1週間後、私は新規開拓専門部署に異動になります。自主退職を迫るために存在する、今で言う「追い出し部屋」みたいなものでしょう。

私はどうすればこのような事態に陥らなかったのか、いろいろと検証しました。そして考え抜いて、自分なりの結論を出したのです。

1年後、私は新規開拓のみで圧倒的な営業成績をあげて、退職しました。

私の心は、晴れやかでした。

穏やかな毎日を望む人に本当に必要なもの

この世の中は理不尽なものです。

特に会社員の場合、たとえ自分にまったく落ち度がなかったとしても、謝罪に追い込まれたり、責任を取らされたりすることは日常茶飯事です。最悪の場合、職を追われてしまうことだってあり得ます。

たとえば、会社の業績が悪化したから人員をリストラするというのもそうです。別にリストラされた人たちだけが原因で業績が悪化したわけではありません。

あるいはリストラで職を追われるほどでなくても、あなたも仕事でこんな経験をしたことが一度くらいはあるのではないでしょうか。

◎部長も賛成した企画だったのに、社長がケチをつけた途端に「自分もそこが気になっていました。ダメだよ、こんな企画は」と自分だけ怒られる

◎上司が安請け合いして、無理な予算・無理なスケジュールで取ってきた仕事を、〆切どおりにやるように指示され、守れなかったら自分のせいにされた

◎部署全体の売上が悪い責任が、管理職でもないのに、なぜかよくわからないが自分1人に負わされている

こうした世の中の理不尽さに闘志を燃やし、実際に行動を起こして、現状の理不尽をなくすべく、世の中を変えようとする人もいるでしょう。

ただ、実際問題として、多くの人はそこまでの気概を持っていないと思います。また、組織の風土を変えるのはあなたの想像以上に難しく、どれだけ頑張ったところで、正直なところ、実現の可能性は限りなく低いです。

私を含め、多くの人に必要なのは、仕事における理不尽なことをなくす方法ではなく、現時点で存在している理不尽をかわし、防ぎ、対処する方法であるはずです。

理不尽な組織や、理不尽な上司を変えることはできませんから、

◎理不尽な状況に追いやられないように、どう立ち振る舞えばいいのか

◎理不尽な状況に追いやられてしまったら、どう切り抜ければいいのか

を知っておくことが重要なのです。

私はかつて、国会議員の秘書をしていました。

読者の皆さんにも想像がつくかもしれませんが、議員や秘書の世界というのは、一般企業とは比べ物にならないくらい、理不尽が平然とはびこっている世界です。

よく、議員に汚職疑惑のうわさがささやかれると、その責任を秘書に負わせて自分は責任を逃れることがありますが、あれはわかりやすい理不尽だと言えるでしょう（ただし、議員が辞職すると秘書も失業するので、秘書が議員の盾になって責任を取ることが必ずしも理不尽だと言えないケースもありますが）。

また、私はその後、大手コンサルティングファームや、ＩＴ系事業会社の役員を務めていたこともあります。本書の冒頭で紹介したようなエピソードをはじめ、そこでもいろい

ろと理不尽な目に遭ったり、理不尽な目に遭ってしまった人々の姿を見てきて、自分なりの処世術を確立しました。本書はその方法をまとめたものです。

これは言い換えれば、**仕事などで大失敗や面倒なトラブルに巻き込まれることなく、穏便に働きながらも、上司に気に入られてそこそこの評価を勝ち得、いい具合に生きていく方法です。**「波風を立てず、できるだけ穏便に働く方法」と言ってもいいかもしれません。

さて、そういうことなので、本書の内容は

「敵を作っても良いから出世したい」

「組織に縛られることなく自由に働きたい」

「一発逆転の大成功をして、大金や名声を手に入れたい」

と思っている方には、あまり魅力的に感じないかもしれません。

ただ、私が思うのは、世の中の会社員は必ずしも全員がそのように野心にあふれ、エネルギッシュで、仕事や出世、お金儲けに熱意を燃やせる人ばかりではないだろうということです。

仕事はそつなくほどほどにこなし、そこそこの収入を得て、小市民的な幸福を得られればそれでいいという人もいるでしょう。

そういう人たちにとって必要なのは、仕事で大成功する方法ではなく、失敗やトラブルを防ぎ、理不尽さによる不幸を回避する方法だと思うのです。

本書ではそういう人たちのために、私がお伝えできることをまとめました。

それでは、本書を読み終わったあとの再会を楽しみにしています。

尾藤克之

Contents

第2章 危険を冒さずリスクをかわす

Contents

第3章 上司に気に入られる仕事術

第4章 ご機嫌を取ってうまいことやる

Contents

第5章　文章で下手を打たないために

第1章

事を荒立てない謝罪の鉄則

仕事にミスやトラブルはつき物です。
そこで対応を誤ってしまうと、
事態が泥沼化し、あなただけの謝罪では
収まらない事態になってしまいます。
そうなればあなたの評価はガタ落ちです。
あるいは逆に、自分の責任ではないトラブルを
うまく収束できれば、
一気に自分の評価を上げられます。
謝罪が必要になった場面ですばやく火を消し、
沈静化させる方法をまずは学びましょう。

ルールその1

トラブルが起きたら犯人探しより謝り方が勝負

失敗は誰でもしてしまうものです。自分の不手際やミス、勘違いなどで、相手を怒らせてしまった経験は、多くの人が持っているでしょう。

あるいは自分が失敗をしなくても、同僚や部下、または上司のミスの責任を自分が負うことになり、謝罪しなければならない場面もよくあります。

ここでまず覚えておかなければならないのは、**「真実」と「世間のイメージ」は必ずしも一致しない**、ということです。

ミスやトラブルが起きたとき、誰が真犯人なのか、何が真の原因なのかという「真実」は、たいした問題ではありません。それよりも、人々はその後の謝罪に対する姿勢などから抱くイメージのほうで判断します。

このことをよく理解せず、失敗への対処方法を間違え、火に油を注いでしまうことは珍しくありません。

ちょっとした対応1つで、その後の展開や相手との関係性が大きく悪化してしまうこともあります。

たとえば、部下のミスでトラブルが起きたとき、「これは部下のミスです」と真実を述べても、相手はあなたに対して誠実なイメージを感じないでしょう。これでは、上司としての自分の責任逃れの弁明をしているようにしか聞こえません。

誤った謝罪を続けると、いくら謝ったつもりになっても相手の不信感をぬぐうことができず、やればやるほど不利な状況に陥ります。「埒《らち》があかない」ときほど、冷静な状況判断が求められます。

謝罪のやり方ではっきり明暗が分かれた事例としては、2018年に話題となった、いわゆる「日大タックル問題」が挙げられます。

これは、日本大学と関西学院大学のアメリカンフットボールの試合中、日本大学の選手が明らかにプレーとは関係ないところで関西学院大学の選手に危険なタックルを行い、ケガを負わせた出来事です。

ここで焦点になったのは、この反則プレイを選手が独断で行ったのか、それとも監督やコーチの指示があったのか、というところでした。この一件では、当事者である選手と、監督・コーチが別々に記者会見を行いました。

直接的な加害者である20歳を過ぎたばかりの選手は、多くの記者の前で自らの顔と実名を明らかにし、ケガを負わせた選手らに謝罪をし、真摯《しんし》に対応したことで世論を味方につけることに成功しました。

もし、彼が「自分は監督の指示に従っただけだ」と自己弁護をしていたら、世間の反応はまったく変わっていたでしょう。

それに対し、監督・コーチは責任を逃れるような言動を繰り返し、世論を敵に回してしまいます。その結果、2人とも大学を追われました。

また、質問をする記者と喧嘩《けんか》をする司会者も悪い意味で注目を集め、アメフト部のみならず、日本大学そのもののブランドイメージを毀損《きそん》しかねない事態になりました。当時、日本大学は第三者委員会による調査を行う意向を示していましたが、記者会見の失敗により新たな火種を作ってしまったのです。

警視庁は最終的に、学生を傷害の疑いで書類送検し、元監督やコーチを罪に問いませんでした。ただ、警察の判断と、世間の印象は大きく違うはずです。

もちろん、ミスやトラブルが起きた原因を究明し、再発防止策を練ることは必要です。

ただ、**まずは真実を究明するよりも、適切な謝罪を行い、自分の印象を悪くしないことを重視したほうが良いのです。**

ルールその2

謝罪に不可欠な「客観的視点」

謝罪をするときにもっとも重要なのが「客観的視点」です。

なぜなら、**謝罪は誰の目から見ても明らかなくらい、たしかな「謝罪」でなければいけないからです。**

もし、この客観的視点がないと、自分は謝罪をしたつもりでも、相手からは謝罪とは思われない「謝罪っぽいもの」にしかなりません。むしろ、ただ自己弁護をしているだけに思われます。これでは意味がありません。

自分と相手の受け止め方が違うのは、受け手が謝罪の一部しか見られないからです。たとえば、不祥事を起こした企業が記者会見を行ったとしても、テレビのニュースなどでそのすべてが放送されることはありません。多くの場合、印象的な一部分だけを切り取って放送します。

少し昔の話になりますが、2000年に発生した雪印乳業（当時）の食中毒事件のことです。記者団が質問を投げかけた際に「私は寝てないんだ」と発言してしまった社長の映像は繰り返しテレビで放映されました。これは「雪印の無責任な経営体質」を象徴する場面となり、多くの消費者の記憶に刻まれました。

しかし、あの場面の裏側を知る人物に話を聞くと、印象が変わります。記者会見が長時間におよんだため、会社側が一旦会見を打ち切ったにもかかわらず、記者団が社長を強引に追い掛け回した結果「とっさに出てしまったひと言」だったそうです。

ちょっとしたひと言、一場面であったとしても、クローズアップのされ方によっては命取りになるのです。

これと同じことは対個人への謝罪でも起こります。**自分は誠心誠意、謝罪をしたつもりでも、ちょっとした不用意なひと言だけで、相手が謝罪だと認めてくれないことは往々にしてあるのです。**

こうした事態を防ぐために大切なのは、「謝罪のときは一切、自己弁護と受け取られかねない発言をしない」と肝に銘じておくことです。

謝罪のプロは、絶対に言い訳をしません。謝罪をする時には覚悟を決めて、徹底的に謝ったほうが良いのです。

謝罪をするときは、再起やリスクヘッジなどを考えてはいけません。再起を考えると、謝罪が中途半端になります。中途半端は何も良い結果を生みません。

ルールその3

相手に選択を委ねる

もしもあなたが商談のとき、電車が遅れたり、渋滞に遭ったりして、遅刻してしまったら、どのように相手に伝えるでしょうか。

「電車が遅れまして」

「道が混んでいまして」

このように伝える人がいるかもしれませんが、すでに説明してきたように、事実を伝えても相手には〝言い訳〟だと受け取られる可能性が高いです。

「自分は悪くない、他が悪いんだ」というメッセージを相手に送ってしまっているのです。

そもそも、電車の遅延や道の混雑を見込んで行動していなかったのが悪い、とも言えます。

謝罪の上手な人は、同様のケースで商談に遅れてしまった場合、「遅れて大変申し訳ございません。心からお詫び申し上げます」と、一切の言い訳をしません。言い訳と受け取られかねないことは言わないのです。

さらに、ここでもう1つ、重要なことがあります。それは、**自分のミスで相手に迷惑をかけた場合、その後どうするかの選択権を相手に与えること**です。

たとえば電車が遅れて遅刻が決定的になった場合、その時点で取引先に次のように連絡をしたほうが良いでしょう。

「申し訳ございません。お約束の時間に遅れてしまいそうです。日を改めて伺ったほうがよろしいでしょうか?」

ここで、もし相手から「遅れてもいいから、今日来い」と言われればそれでいいですし、先方のスケジュールが詰まっていて、後ろ倒しにするのが難しい場合は、その場で再アポイントを取ってもいいでしょう。

自分で勝手にミスを正当化し、勝手にその後の対応を判断してしまうのは悪手です。

電車が遅延して遅れた

どう謝る?

✕ 悪い例：「すみません。電車が遅延しまして……」

ただの言い訳に受け取られる可能性がある

○ 良い例：「遅れてしまいます。申し訳ございません」

どう謝る?

✕ 悪い例：「急いで向かいますので、お待ちください」

相手の都合を考えていないのでNG

○ 良い例：「日を改めたほうがよろしいでしょうか?」

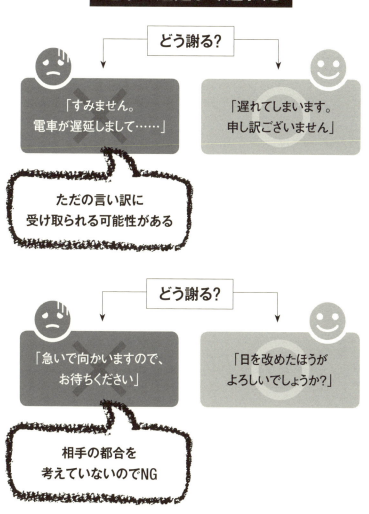

ルールその4

事実はそのまま伝えない

不用意な発言がもとになり、自分の立場が危うくなるケースがあります。自分の言っていることが正論でも、相手が納得しなければ収まりがつかなくなるのです。

たとえば、不祥事や事故があった際、社長や役員がその事実を把握しながら旅行やゴルフに出かけていたなどというケースはよくあります。

「これは慰労の一環ですから、マスコミに責められるいわれはないし、詳細について説明もいたしません」

「ゴルフは半年前から決まっていたことで、健康管理を目的にやっていますから、事故対応とは関係ありません！」

このような発言によって火に油を注ぐことは少なくありません。慰労の一環であることや、ゴルフが半年前から決まっていたことが事実であれば、たしかにその主張は正論かもしれません。しかし、聞いているほうからは居直りとも取れる印象を受けます。

建前でもいいから、

「本日、会社のコンプライアンス部門に実態調査の指示を出しました」

「第三者委員会を立ち上げました。結果がわかり次第、迅速に報告したいと思います」

と答えておけば、居直りに見られるよりは、問題が多少改善したことでしょう。**正論は時と場合によってマイナスイメージを与えます。**

私がある企業の役員をしていたときのことです。

営業部門の部長がメンバーを鼓舞するために、営業成果が上がるたびに細かな数値達成の状況や、営業努力をねぎらうメールを全社に送信していました。

ただ、社内には営業部門以外の部門も存在します。あるとき、システム部門の部長がそのメールに対して、全社員宛に次のような返信をしました。

「そのような送信は部内に留めてほしい。各々《おのおの》、部門の役割は異なるし、全社メールで自部門の成果を披露するものではない」

そのメールに対して、すかさず社長が、こう指摘したのです。

「あなたの主張は正論で正しいと思います。ただし表現としては最低です。あなたは上司が部下をねぎらうための行動をどのように思っているのですか」

結果的に、システム部門の部長が謝罪をしてその場は収まりました。

正論が必ずしも正しくないことを表すエピソードです。

何か問題が発生したとき、たとえ正論では間違っていなくても、相手の感情に配慮した対処法が必要になります。

この配慮が足りないと、相手の気持ちを理解できない人物として良い印象を与えません。

たとえばこのシステム部門の部長の場合、間違いだったことは2点あります。

(1) 営業部が自分たちの実績を自慢するのをとがめるような発言をしてしまっている

(2) そのことをメールで伝えている

まず前者に関しては、営業部の成果、取り組みをしっかり尊重していることを伝える必要がありました。次のような書き方だったら、受け取った人の印象はだいぶ変わるのではないでしょうか。

「営業部の皆さんがモチベーションを高めるために数値達成をメールで共有するのはすばらしい取り組みだと思うのですが、システム部の伝達事項が埋もれてしまうことがありますので、共有範囲を部内に留めていただけるとありがたいです」

後者に関しては、メールで返すのではなく、営業部門の責任者の人間に、口頭で伝えるのが良かったでしょう。文章はよほど注意して書かないと、そっけなく、冷たい印象を与えてしまいがちです。

自分の立場がゆるぎない正論である場合ほど、冷静に事態を俯瞰《ふかん》し、言うべきか言わざるべきかを判断しましょう。

そして、相手に対する配慮も忘れないようにしてください。

ルールその5

謝罪では落としどころを想定する

謝罪はする前から、「落としどころ」が決まっているものです。パターンを覚えていればリスクは回避ができます。謝罪がうまくいかなかったり、なかなかトラブルが解決しないのは、この落としどころを考えないまま、とりあえず謝罪をしてしまっていることが原因である可能性が高いです。

また、この落としどころがうまくわかれば、率先してやるべき**「得する謝罪」**がどれなのか、わかるようになるでしょう。

「得する謝罪」とは何か。これは要するに、**謝罪に成功すれば出世したり、給与が上がったり、評判が死ぬほど上がるような事態となるものです。**

たとえば、会社（あるいは上司）が何らかのトラブルに巻き込まれそうなときに、身代わりになったり、守ることなどが該当します。

具体的には、次のようなものが挙げられます。

・うまくいっていない事業のプロジェクトを上司が担当
・すでに取引中止が確定している大口顧客の担当者が上司
・不祥事の後始末を託された上司

このようなケースでは、上司は見て見ぬフリをしていたり、状況は理解しているけれど、対応策を打てないでいることが少なくありません。

特に難しいのが、多額の出費をしたプロジェクトの中止や事業撤退です。

撤退を決めるということは、損失を確定させることを意味します。損失を確定させれば、今まで投資したコストに見合う利益を回収することが不可能になります。非常に勇気が必要な難しい決断なのです。

撤退には大きな負担がつきものです。撤退のシナリオを綿密に作り、取引先へ説明し、社内メンバーに告知し、上場していれば株主への説明を周知させて納得させなくてはいけません。多くの利害関係者に対して説明責任が発生します。

つまり、この種の謝罪にうまく対処できれば、それだけであなたの能力は高く評価されるのです。

そして、このような案件を手掛ける場合、「プロジェクトを黒字化することが目的ではない」ということに留意しておいてください。

普通、仕事で評価されるのは会社に利益をもたらす行為をしたときですが、こうしたケースのように、粛々《しゅくしゅく》と事業を終わらせることが評価につながるケースもあるのです。

事業から撤退する場合、誰が責任を取るのかという議論になりがちです。

私の経験上、このようなときに、責任論を振りかざしても建設的な議論になることはありません。むしろ、関係者のモチベーションが下がり、その後の事業展開に悪影響をおよぼす危険性のほうが高くなります。

責任論が噴出したときの謝罪は、

「事業開始の意思決定は間違っていませんでした。環境が変わったので仕方のないことです。撤退の意思決定は英断です」

と、**個別の責任追及に歯止めをかける役割を担わなければいけません。**これが重要なミッションになります。

誰かが責任を負わされそうになっていたら、同様に責任を追及することの不合理さを上申して、責任を負わせないためのプランニングをすることが大切になります。責任追及は会社に壊滅的な打撃を与えることがあるからです。

もし、このような状況を好転させることができたら、あなたは敏腕ビジネスパーソンとして認められることでしょう。それにこのような謝罪は、経営戦略上、どうにかしなければいけない謝罪でもあるのです。

責任には2種類あります。

取った時点で社会的制裁を受ける、あるいは社内の評価が極端に低下する責任（法律違反系）と、巻き返しに失敗しても、さほど周囲の人から責められない責任です。

後者の責任は徹底的に取りにいきましょう。謝罪の損得は「責任の種類」ですでに決まっているのです。

それともう1つ、**あなたが上司の代わりに謝罪をした場合、あからさまに見返りを求めてはいけません。**

「謝罪をしてやったんだから、自分に有益なことをして恩返ししてくれるのが当然だろう」などと思ってはいけない、ということです。

もちろん、リスクのある謝罪を積極的にすることは恩を売るためでもありますが、かといってかけた恩に必ず報いてもらおうとは思ってはいけません。

恩を売っても仇《あだ》で返されることはよくあります。それも承知でやると、もっと大きな恩で報いてくれる人が現れるのです。

取っては
いけない
責任
●法的なリスクがある
●失敗すると
社内の評価が
大きく下がる
取っても
いい
責任
●法的なリスクがない
●失敗しても
社内の評価が
大きく下がらない
積極的に狙い、謝罪をうまく
決めて社内評価を上げよう!

ルールその6

上司に言質を取られてはいけない

上司から頼まれていた仕事をつい忘れてしまったりしたとき、どうしていますか。

ここで「忘れていました」と言うのはバカまじめすぎます。

下手をすると、あとあと「お前があのときに数日忘れていたから、この仕事が納期に間に合わなくなったんだぞ。お前が責任を取れ」ということにもなりかねません。

こういうときはとりあえず「ハイ」と返事をして、すでに行動しているフリをするのが良い場合もあります。たとえば、

「おーい、先週話したX社の件はどうなった。アポは入ったのか」

こう問われたら、

「今アプローチの最中です。先方は今週一杯出張でアポの確定ができません。週が明けま

したら真っ先に連絡をします」

「現在対応中です。詳細は改めて精査してからご報告いたします。来週お時間はございますか」

などと答えましょう。

こうすれば、数日の時間稼ぎはできます。その間に対処すれば良いのです。上司の好む返事や態度をしながら「こいつは大丈夫だ」と思わせればいいのです。

これは、上司が仕事の安請け合いをしてきた場合も同様です。私がコンサルティング会社に在籍している際、もっとも多かったのが、上司の一方的な納期短縮でした。

例えば、こんなケースはよくあります。

前田君は、マーケティング部に所属する３年目の社員です。

メールでとある企業からアンケート調査の依頼があったので、上司である木村部長とお客さまを訪問しました。先方との打ち合わせの結果、北海道、東京、名古屋、大阪、福岡地区で各１００件、合計５００サンプルを取得する調査をスタートすることが決まりました。この程度の調査であれば、準備～実査で1ヶ月、分析1ヶ月の合計2ヶ月程度のプロジェクトだと前田君は考えていました。

ところがお客さまから、「新商品開発の基礎データにしたいので1ヶ月で納品してほしい」と言われてしまいます。そして木村部長は、

「前田君、1ヶ月もあれば充分だな！」

と安請け合いしてしまったのです。前田君は、その場で断ってしまっては木村部長の顔を潰すので「不可能です」とは言えず、腹におさめて契約を結びました。

その後、会社に戻った前田君はお客さまに連絡をします。

「あの場では部長の手前、申し上げられなかったのですが、1ヶ月では厳しいです」

先方からは烈火のごとき怒りの声が届きます。

「だったら何で契約前にちゃんと言わないのですか。これは責任問題ですよ。今から部長に抗議の連絡を入れます」

と大変なご立腹。前田君はどのように対応すべきだったのでしょうか。

◎できない仕事に手をつけてはいけない理由

このような場合、正直なところ、並大抵のことでは相手に納得してもらうことは難しいでしょう。

次のような言い方で、**相手を恫喝《どうかつ》しながら冷静に話すしかありません。**

「先ほどは1ヶ月でと申し上げましたが、ただいま試算したところ厳しいと言わざるをえない状況です。しかし先ほど、上司の木村がお約束をしてしまいましたから、お怒りのようであれば、再度部長と伺いたいと思います。いかがいたしましょうか？」

このように話せば、先方としても部長を連れてきて謝罪しろとはなかなか言いにくいものです。

部長に謝らせてもなんの解決にもなりません。関係を悪化させたところでなんのメリットもないので、先方は次のように聞いてくるでしょう。

「どの程度の期間があれば大丈夫ですか？」

通常であれば2ヶ月のプロジェクトを、少々早めて、1ヶ月半とするのが落としどころでしょうか。

先方も、「半月待ってあげた」という貸しを作っておいたほうが得策なので、この程度であれば問題ないはずです。

仮に上司が安請け合いしても、その後の対応次第ではリカバリーができるというケースになります。

しかし、ここで1ヶ月の納期が変更にならずに、上司がハシゴを外しにかかって、納期に間に合わなかったことを前田君の責任にしようとしたら、どうするべきでしょうか。

この場合、

「上司の一存により、2ヶ月かかる仕事を1ヶ月で受託したこと」

「上司が責任をすべて負うこと」

この2つの言質《げんち》なくして仕事を進めてはいけません。

仕事を進めるということは、どれだけ無茶な指示であっても、それに納得して仕事をし

ているという既成事実を作ることになります。

このことを理解しないままとりあえず仕事を進めて、やっぱりスケジュールどおりの進行が無理そうだとなったら、

「いやなら仕事をしないでいいと言ったよね？」

「君がスケジュール調整をするという話だったじゃないか」

と言われます。

こうなると、かなり情勢は不利になります。そのため、言質を取るまで何もやらないことが予防線になります。

言質が取れない場合はどうすれば良いでしょうか。この場合は、木村部長と同格の他部門の部長に相談をすることが良いでしょう。

「それでは上司に恥をかかせてしまう」と思ったあなたは、考えが甘すぎます。そもそもこのプロジェクトは納期が間に合わなければ責任を取らされます。この時点で信頼関係は崩壊しますから、事前に布石を打たなくてはいけません。

他部門の部長に相談する際に気をつけたいのは、上司の悪口にならないようにすることです。

「策を講じましたが、今のスケジュールでは不可能です。会社に迷惑がかかる前に決断をしたほうが良いと思い、ご相談しました」

など、**あらゆる策を講じたうえでの相談であれば、話を聞いてくれるでしょう。**さらに、プロジェクトを成功させるために何が必要かを問われたら、次のように具体的に答えられる状態にしておかなくてはいけません。

「あと2名のスタッフ増員があれば、スケジュールを守ることは可能です」

「人員さえ補充してもらえれば、90点レベルには仕上げられます」

言質を取られないようにするには、言葉と行動に気をつけ、逆に相手の言質を取ることに気を配らなければなりません。

ルールその7

悪評には権威で対処する

あなたが何か優秀な成績を収めたり、成功したりすれば、それを妬《ねた》んだり、悪い評判を流す輩《やから》は必ず出てくるものです。

当然ながら良い気分にはならないと思いますが、だからといってそうした悪評に反応するのは逆効果です。

悪評を耳にしたときは、妙な言い訳や弁解はせず、基本的にすべて黙認してください。

このような悪評を気にする必要性はまったくありません。

自分で自分を認めることは大切ですが、そうはいっても、自分の社会的な評価は他人がするものです。

つまり、悪評に対するあなたの姿勢も、そうした社会的評価の対象に入っているということを忘れてはいけません。

それを気にしたところで、何か変えられるものではありません。基本的に気にしてはいけないのです。批判されたことで、頭に血がのぼって感情的な行動を取ってしまわないようにしてください。

言い争いを見ていて気持ちの良い人はいません。特に言葉尻をとらえて食ってかかるような反応は禁物です。

では、もしもあまりに事実とは異なるでっち上げや、人格に関わるような悪評を流されたら、どうすれば良いのでしょうか。

この場合も、あなたが直接抗議してはいけません。**どうしても見逃せない悪評に対しては、あなたの味方である上司や実力者の権威を借りて抗議し、やめてもらえば良いのです。**

相手は二度と悪評を言わなくなるに違いありません。

とはいえ、悪評をいちいち雑巾《ぞうきん》で拭いているようでは器量の小さい人間と思われてしまうことも注意事項として挙げておきます。

一番良いのは、気にしないことなのです。

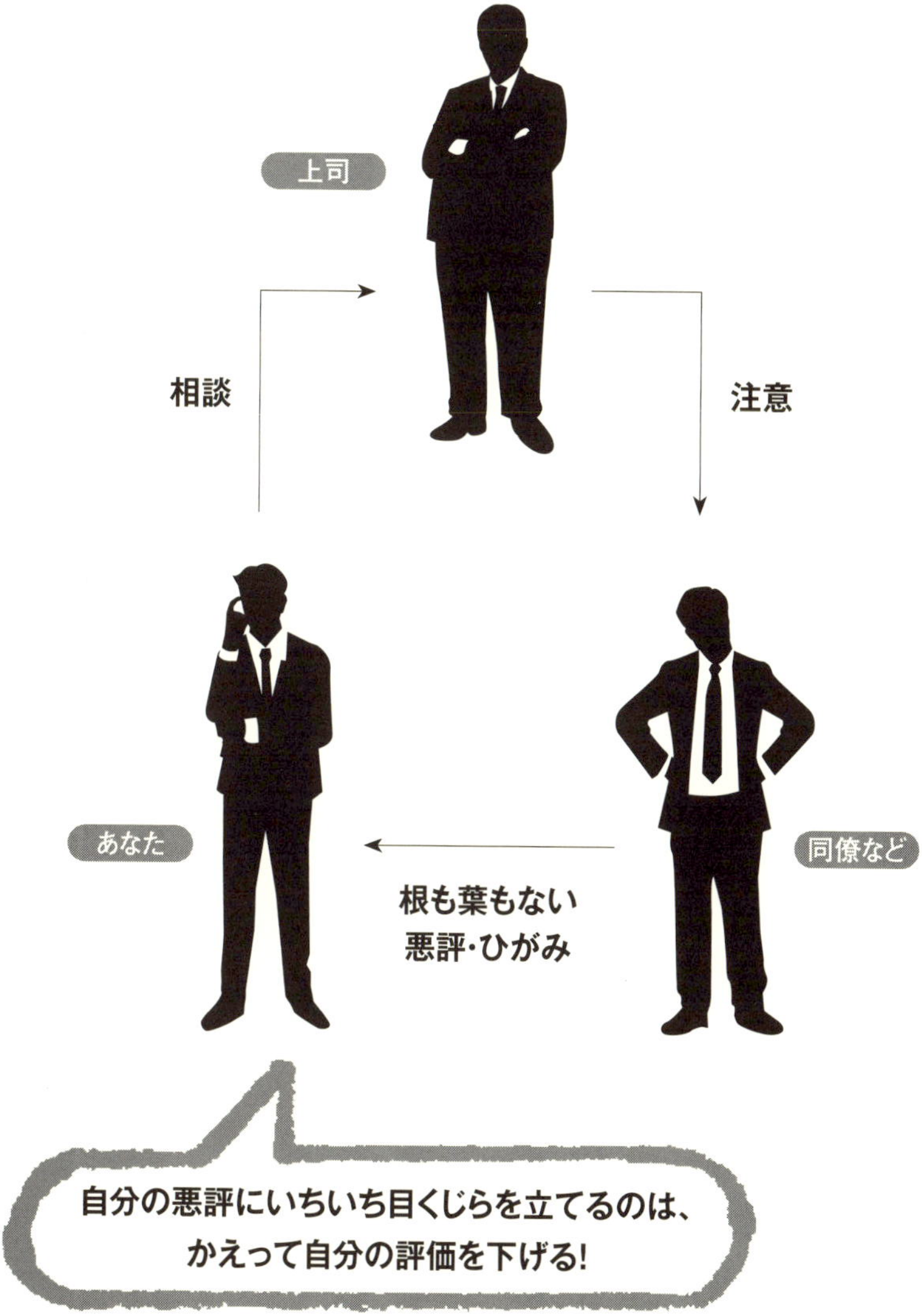
上司
相談
注意
あなた
同僚など
根も葉もない
悪評・ひがみ
自分の悪評にいちいち目くじらを立てるのは、
かえって自分の評価を下げる!

第1章のまとめ

・謝罪で大切なのは真実を述べることではなく、とにかく自分の責任を認めて謝ること
・謝罪をするときは客観的な視点を持ち、誰がどう見ても謝罪になるような、徹底した謝り方を心がける
・自分の言い分が正論だったとしても、それを直接そのまま相手に伝えてはいけない
・謝罪は必ず落としどころを考えてから臨み、取ってもいい責任とそうではない責任を見分ける
・余計な発言をしたり、考えもなく仕事を始めるなどして、言質を取られていたりしてはいけない。逆に上司の言質を取るようにする
・自分に対する悪評は基本的に放置で良いが、悪質な場合は仲の良い上司や権力者の権威を借りて対抗する

コラム

相手からの印象をアップする付け届けの極意

プレゼントをもらったら、誰でも悪い気はしません。つまり、相手を懐柔《かいじゅう》したり、謝罪したりするときにプレゼント、昔風に言うなら「付け届け」は効果抜群です。

しかし、残念ながら多くのビジネスパーソンはこの「付け届け」の効果を理解できていません。

賄賂《わいろ》のような印象があるからでしょうか、それとも昔ながらの風習に見えて時代遅れと思っているからでしょうか、若い世代になればなるほど「付け届けはカッコ悪い」と間違った価値観を持っています。

デキるビジネスパーソンはこの付け届けの効果に着目し、しっかりと使いこなしています。ただ、その一方で単にプレゼントを贈っているだけの状態になってしまっている場合もあります。

たとえば、お中元やお歳暮などで「ビールでいいや」と毎年、同じ贈り物をしていませんか？

付け届けで重要なのは、落としたい相手の先にいる人物を想像することです。部長に気に入られたいなら、部長が喜ぶものを贈るよりも、その先にいる人物、つまり部長の奥様であったり、お子様であったりを喜ばせることを意識するのです。

たとえば部長が結婚していれば、奥様が喜びそうな新発売の「ヘルシーオイル」や、お子様が喜びそうな「アイスクリームセット」を贈ることで、自分を印象付けることができるのです。

これは上司に限った方法ではありません。初訪問の取引先にお土産を持っていく場合や、謝罪の場面でも有効なのです。

女性社長、女性社員が多い会社であれば、行列ができる人気のスイーツを選んで持っていくべきでしょう。

社長には秘書がついています。社長が食べなくても、手渡したスイーツはそのまま秘書や会社のメンバーで消費されることが容易に想像できます。

そのうちの1人でもこの有名スイーツのことを知っていれば、「わざわざ並んで買ってきてくれた」ことが第三者の口から社長に伝わります。これほど好印象を与える方法はないと思いませんか？

その後の展開がうまくいくかどうかはスイーツ1つで決定づけられるものではありませんが、少なくとも何もしないよりは良い結果を生みます。プレゼントをするときには、贈る相手のその先にいる人物を意識することが重要なのです。

第2章

危険を冒さずリスクをかわす

リスクはチャンスをつかむために
必要なこともありますが、
仕事をしていると当然ながら
避けるべきリスクも存在します。
違法行為などはその代表的なものです。
得になるリスクと、ならないリスクがあるわけです。
さらに、リスクをよけるにもコツがあります。
自分の責任になったり、
相手の心証が悪くならないようなやり方があります。
不要なリスクをかわしながら
うまく切り抜ける方法をお伝えしましょう。

ルールその8

違法行為を依頼されたら放っておく

謝罪には「いい謝罪」と「悪い謝罪」があります。**そして、絶対にしてはいけない「謝罪」が存在します。**

絶対に避けなければいけない謝罪とは何か？　これは、「そもそも、どう謝罪をしても挽回できないことについて謝罪しなければならない状況」です。

たとえば違法行為が該当します。談合、収賄、背任、横領、契約の不履行、不倫など、法律に違反している、あるいは誰がどう見てもルールに違反している行為です。こうしたことをすると、いくら「いい謝罪」をしても、当然ながらリカバリーするのはかなり難しくなります。

ただ仕事をしていると、このような危ない行為を促してくる相手もいます。

たとえば「発注先はA社にしてください。その代わり謝礼として○百万円お支払いします」と言われたらどうすればいいでしょうか。

私なら、素直に「わかりました」と答えます。職責にもよりますが、相手の要望にたいしては「YES」と答えるのが、自分の印象を悪くしない唯一の方法だからです。相手のメンツもつぶさずに済みます。

その後、どうするのか。

簡単です。**相手には「わかりました」とだけ伝え、放っておくのです。**その結果、A社に決まらなかったとしても、それでよしとします。ただし、この結果を受けて、依頼してきた相手は烈火のごとく怒るかもしれません。

ここで謝罪の出番です。

「本当に申し訳ございません。今回は私の力不足です」

私なら、失意と怒りで満ち溢れている相手にそう伝えるでしょう。場合によっては土下座することもいといません。

ここで絶対におさえるべきポイントは**「自分の力不足」**という点です。相手に責任はありません。

違法行為を要望してきた時点でキッパリ断るのはカッコいいですが、それでは違法行為を言い出した相手に責任が生じてしまいます。

一方、一度相手の要望を引き受け、「やっぱりできませんでした」となれば、これは自分の責任に変えられます。もちろん、実際に違法行為に手を染めてはいないわけですから、法的な責任をとらされることはありません。

このようなケースでは、相手にも後ろめたい気持ちがあります。そこまで平謝りすれば、たいていは矛《ほこ》をおさめるはずです。

もし、違法行為を依頼してきてもまったく意に介さないような相手なら、それはそれで問題です。こういう相手は、いずれあなたに危険をもたらす可能性があります。その場合、その人との付き合いをやめるなど、対策を考える必要が出てきます。

ルールその9

怒っている相手からは逃げる

感情的になって怒っている人にはどう対処するのがいいのでしょうか。

いちばんいいのは「近づかない」ことです。

議員秘書時代、担当していた先生の機嫌があきらかに悪く、ミスをしたら怒り出すことが容易に推測できる日がありました。

それを察した先輩の秘書が「オレちょっと出てくるから、留守番よろしくね！」と言って、いきなり事務所を出て行ったことがありました。

当時、私は20代前半の新人の秘書でした。いくら機嫌が悪くても、若い私に対して当たり散らすほど、議員の先生も人間ができていないわけではありません。

一方、先輩秘書はもう何年も先生に寄り添ってきた仲です。先生は、その先輩には当たり散らすことができるのです（いまならパワハラと呼ばれるかもしれませんが）。

さて、それを察した先輩秘書は事前に「逃げる」という手段に出ました。

案の定「おい、○○はいないのか？」とトゲのある声で先生が問いかけてきます。それでも「すみません。先ほど何か用事があるらしく外出しました」と私が答えると、先生も「そうか」と言って、機嫌が悪いながらも自室に帰っていきました。


ここで重要なことは**「人は何時間も怒り続けられない」**ということです。

いくら怒っていても、1時間もたてば人はいくぶん冷静になっているものです。

実際、日本アンガーマネジメント協会によれば、人の怒りの感情がピークで持続するのは6秒程度しかないとされています。

その先輩も1時間くらいで戻ってきたのですが、そのときには先生の機嫌もやわらいでいました。

ただ、単に怒っている相手から距離を置くだけではいけません。

その先輩がすごいのは、戻ってきたあとの対処法でした。

先輩はすぐさま先生のところに行き、こう言ったのです。

「先生、すみません。尾藤から聞きました。私が不在中、何かご用事があったそうですね。どうしてもはずせない支援者の方との会合があったものでして、申し訳ございません」

ここでポイントなのが、先生から呼ばれる前に、自分から謝りに行ったところです。

怒り爆発の状態だったとしても、出鼻をくじかれると矛をおさめざるをえないのが人の情というものです。

とはいえ、この「距離を置く」という方法が使えないこともあります。本当に怒っている人を目の前にしてしまったときは、どうすればいいのでしょうか。

ひたすら謝り続けるしかありません。少しでも反論しようものなら、相手の怒りに油を注ぐだけです。

どんなことを言われても、その場では反論せず、相手の怒りが発散されるのを待つしか対処法はありません。

だからこそ、怒っている人にはできるかぎり近づかないことが、最善の対処法なのです。

怒っている人への対処3原則

01 離れる

人はそんなに長く怒り続けられない。怒っている人には話しかけず、近寄らず、怒りのピークが過ぎるのを離れて待つのが最善手。

02 自分から謝りに行く

相手に呼び出される前に、自分から進み出て先に謝ってしまうほうが得策。出鼻をくじかれると相手の怒りもちょっと緩やかになる。

03 ひたすら謝る

「01」の方法も「02」の方法も使えない場合、覚悟を決めて怒られるしかない。その場合、へたに言い訳・弁明すると逆効果。何を言われても言い返さず、ひたすら謝罪をするのがいい。

ルールその10

言い訳を用意しておく

政治家は言葉の使い方が巧みです。私は政治家のことを「言葉の魔術師」だと思っています。

たとえば次のような場合、どのような印象を受けるでしょうか。

A．本件につきましては前向きに対応したいと思います。

B．本件につきましては、課題をさまざまな面から分析して、関係各所の意見を聞きながら対応したいと思います。

AもBも言っていることは同じことですが、Aのほうが期待感が持てる言い方です。前向きに対応することを表明しているにすぎないのですが……。

また「当選の暁には血税が投入される市役所新設阻止に向け善処いたします。本件は私の公約といたします」と発言をした政治家がいたとします。

これは「市役所新設阻止に向けて適切に対応することを約束した」にすぎません。前言の撤回も政治家は効果的に行います。

「当選の暁《あかつき》には、血税が投入される市役所新設阻止に向け善処いたします」と公約した候補者が前言を翻《ひるがえ》して「市役所は老朽化が進んでおり、地域の安全について熟慮した結果、新設に至りました」などと言う話はよくあります。

「本件は地域住民の生活の安全を考慮したものであり公約違反でありません」と翻したり、住民からリコールがあったとしても「虚心坦懐《きょしんたんかい》にさまざまな意見をうかがい熟慮して判断しました」と発言すれば、住民の意見を聞いている印象をつくることができます。

発言に関して聞かれても「私の発言は首尾一貫してブレておりません」と堂々と答弁すれば、ブレていない印象をつくることもできます。

つまり政治家はたとえ前言を翻しても、その態度や理由によっては、支持されるわけで

郵便はがき

162-0816

恐れ入ります
切手を
お貼りください

東京都新宿区白銀町1番13号

きずな出版 編集部 行

フリガナ

お名前　　　　　　　　　　　　男性／女性
未婚／既婚

(〒　　　-　　　　)
ご住所

ご職業

年齢　10代　20代　30代　40代　50代　60代　70代〜

E-mail

※きずな出版からのお知らせをご希望の方は是非ご記入ください。

愛読者カード

ご購読ありがとうございます。今後の出版企画の参考とさせていただきますので、アンケートにご協力をお願いいたします（きずな出版サイトでも受付中です）。

[1] ご購入いただいた本のタイトル

[2] この本をどこでお知りになりましたか？
1. 書店の店頭　2. 紹介記事（媒体名：　　　　　　　　　　）
3. 広告（新聞／雑誌／インターネット：媒体名　　　　　　　　）
4. 友人・知人からの勧め　5.その他（　　　　　　　　　　）

[3] どちらの書店でお買い求めいただきましたか？

[4] ご購入いただいた動機をお聞かせください。
1. 著者が好きだから　2. タイトルに惹かれたから
3. 装丁がよかったから　4. 興味のある内容だから
5. 友人・知人に勧められたから
6. 広告を見て気になったから
（新聞／雑誌／インターネット：媒体名　　　　　　　　）

[5] 最近、読んでおもしろかった本をお聞かせください。

[6] 今後、読んでみたい本の著者やテーマがあればお聞かせください。

[7] 本書をお読みになったご意見、ご感想をお聞かせください。
（お寄せいただいたご感想は、新聞広告や紹介記事等で使わせていただく場合がございます）

ご協力ありがとうございました。

きずな出版　URL http://www.kizuna-pub.jp　E-mail 39@kizuna-pub.jp

す。マラソンを完走すると公約して、途中で自転車やクルマを使用したらバッシングを浴びますが、マラソンの途中でケガをしたり不慮の事故に遭ったためクルマに乗ったのであれば、誰もそれを咎《とが》めたりはしません。「仕方ない理由」があればいいのです。

政治家は根拠のない約束はしません。また常に言い訳を用意しています。自分の発言によって責められたり、窮地に追い込まれたりすることを防ぐためです。そのため、あらかじめ言い訳を用意することが必要になるのです。

政治家が使用する言葉は「お役所言葉」と言われるのはご存じの方も多いでしょう。「前向きに検討する」「対応を協議する」「可及的速やかに対処する」「全力を挙げて対応する」「厳粛に受け止めて」などの言葉を聞いたことはありませんか。

こうした言葉は、一般的には何も伝えていないことと同じと言われます。しかし、**のちのちにマズい事態に陥るのを防ぐには、あらかじめ言い逃れの方法を準備しておくことは大切です。**あるいは、何かを断るときも、こうした言葉をうまく使えば、遠まわしにそれを相手に伝えることもできるでしょう。

事前に言い訳を用意しておくことで武装ができることを覚えてください。

再発防止に努めます

各方面に働きかけます

前向きに検討します

全力で取り組みます

覚えておきたい お役所言葉

厳粛に受け止めます

速やかに対処します

適切な処置をとります

善処します

ルールその11

陰口、悪口は死んでも言わない

普段から周りの人に嫌われていると、いざ問題が起きたときに誰も助けてくれなかったり、失敗の責任を押し付けられたりするなど、困ったことになります。上司に限らず、同じ組織の人間からは気に入られるほうが良いに決まっています。

社内で嫌われる人間には、いくつかのパターンがあります。「ヘッドハンターが採用してきた優秀な中途採用者」「社内で戦力外になっている人物」などです。

そして彼らには総じて特徴があります。陰口や悪口の多い人です。陰口や悪口は聞いていて気持ちの良いものではありません。**たとえ親しい間柄であっても、陰口や悪口は絶対に口にしてはいけないものなのです。**

ところが多くのビジネスパーソンは憂さを晴らすかのごとく、酒が入れば上司の陰口や悪口の大合唱になります。飲み会の席だったらいいだろうと、羽目をはずしてしまうわけです。

優秀なビジネスパーソンは、陰口や悪口はいずれ自分に戻ってくることを知っています。

たとえば、私の知人の経営者は、陰口や悪口を言う人とは絶対に付き合いません。そのような人が客で来たら、見送りの後に洗面所で手を洗い、火打石を鳴らし、まき塩をさせています。それは、ばい菌を消毒するかのごとく徹底しているのです。

また、故・田中角栄元首相は、

「私がかつて、人の悪口をいった事があるか！　誰か私が一度でも人の悪口をいったのを聞いたことがあるか！　私は一度もない。男を磨くうえで、絶対的な信用をつけるうえで、欠くべからざることが〝人の悪口をいわない〟ことだ」

と述べています。

陰口や悪口を言ってしまう方は、「ダメな上司の批判をして何が悪いものか！」「自分たちの意見のほうが正論だ」という思いもあるでしょう。

たしかに、ダメ上司は存在します。しかし組織の中で一緒に仕事をする以上は、相手に敬意を払わなくてはいけません。

では、もしも周りの人間が酒宴の席で陰口、悪口大会を始めたら、どう対処すればいいのでしょうか。

一番簡単なのは、聞き役に徹して否定も肯定もしないことです。あるいは優秀なビジネスパーソンは、陰口や悪口で盛り上がっても聞き終わってから、

「でも部長には××のような良い面もあるよ」

「先日、部長と一緒に行動したら○○みたいな感じだったよ」

と矛先をかわすものです。話をあわせてしまうと、自分も陰口や悪口を言っている人と同じになってしまいます。

こうした会話は、どれだけクローズドな仲間同士でも、どこかから伝わるリスクがあるものです。逆に言えば、その席でこんな風にポジティブな発言をすれば、それがどこかから当人に伝わる可能性もあるわけです。

ルールその12

信頼は「口の堅さ」と「不完全さ」で得る

謝罪するときは「自分が絶対に解決する」という意識をもっていなければいけません。

その意識があるかぎり、謝罪の大きさを正確に把握できます。

もし、自分以外に人がいたら、「あとはあの人の責任」という甘えが出てきてしまいます。この甘えは自分の目を曇らせてしまいます。

もし、「上司が最後は責任をとってくれるはずだから」と考えていて、上司が何もしてくれなかった場合、あなたはどうなるでしょうか。

客観的に考えれば、謝罪をしているのは最初からあなただけなのです。もともと、上司が謝罪するつもりなら、最初から部下には押しつけません。

「こんなはずじゃなかった」とならないためにも、「すべての責任は自分がとる」、という強い意志が必要なのです。これは言い方をかえれば、**「何事にも責任を負う覚悟がある」**という意味にもなります。

２０１２年12月の衆議院議員選挙で、当時与党だった民主党が大敗しました。８人の現役閣僚が落選する歴史的な大敗です。

この直後、民主党内では野田佳彦《よしひこ》総理（当時）や党の責任だと批判する発言が目立ちました。

これらの発言の多くは他責（自分は悪くなく他に責任がある）発言でした。国会議員は公人ですから社会に対して大きな影響力を持っています。その公人が落選した責任を他人に転嫁する姿勢は、有権者の視点で見ていても見苦しく恥ずかしいものでした。

そのような中、岡田克也副総理（当時）が「選挙は、最終的には自分の責任。執行部や他人の責任にするところから改めないと、この党は再生できない」と発言しました。

私は、その通りだと思いました。実際に同じ民主党でも実力者といわれている人たちは当選しています。

落選した民主党候補者からすれば、彼らなりの言い分があるでしょうが、客観的に見れば、有権者から自分が支持をとりつけられなかっただけです。

そのような他責発言をする人物は、そもそも当選したのも「執行部のおかげ」だったことになります。その人物自身の力ではないことを、自分で暴露しているようなものです。

このような心根では、謝罪はできません。

自分に覆いかぶさってくる謝罪をすべて自責で片付けられないのであれば、あなたは自分の成功を自分で手に入れることができない人間だと公言していることになります。

◎不完全さをアピールするときの注意点

自責で解決するためには、組織内での振舞いも大切になります。会社という集団で警戒心、敵対心、嫉妬心などを持たれないことが重要なのです。

では、そのためにはどうすればいいでしょうか。

何か嫌なことがあっても「あいつがそう言うなら仕方ないな」とか「今回の件はまいってしまったけど、彼がやったのなら仕方ないな」ということになる土壌を作っておくことです。

それは、**「信頼される」**ことです。

この信頼を勝ち得る1つの大きな条件は**「口が堅い」**ことです。

私の知っている謝罪のプロは、あまり論理的に物事を考えません。「どうせ考えた通りにはならない」という思いが強いようです。

その代わり、口はめっぽう堅いです。他人の秘密に必要以上に踏み込んだり、飲みの席で他人の噂話をしたりするようなことは一切ありません。

人間は他人の秘密を知れば知るほど、ついつい暴露したくなるものです。この誘惑に負けるようでは、上手に謝罪をすることはできません。

「自分は口が軽い」と戒めるだけでも、充分に口を堅くできるので、日頃から意識していましょう。

もう1つの条件は、**「不完全さ」**です。

高学歴で仕事をテキパキこなす人はたくさんいますが、すべてが優秀であったら近寄りがたくなってしまいます。

完璧すぎて非の打ちどころがないと、親しみが感じられなくなるのです。どこかで抜けている部分をさりげなく演出しましょう。

ただし、**「不完全さ」は、対比するものが優秀だからこそ、許されるのです。**もともと仕事があまりできない人間が不完全さを演出しても意味はない……ということを忘れてはいけません。

ルールその13

酒は飲まないに越したことはない

社内のイベントで上司が必ず口にする言葉に「無礼講」というものがあります。役職や年齢など、堅苦しい礼儀を抜きにして行う酒盛りのことを指しますが、部下は常識の範囲で気遣いをしなければなりません。

もしも、無礼講の〝本当の意味〟を知らなければ、それは大きなリスクになることを覚悟する必要があります。

たとえば「慰労会」の目的は何か。間違っても、社員を本当に慰労する場と考えてはいけません。**慰労会とは上司が自らの威厳や存在を示し、再確認する場です。**

上司は部下たちの様子を見ながら、「こいつは忠誠心がないから異動」

「こいつは降格。給料も下げてやる」
「こいつは見どころがあるから昇進させよう」
など、さまざまな思惑を巡らせています。

私が、シンクタンクに勤務している頃、以下のような出来事がありました。若い人には役立つケースかと思いますので紹介します。

このシンクタンクは、S総研という国内大手のバンク系シンクタンクです。ある日、クライアントのN酒造から工場見学のオファーがありました。役職者を中心に派遣メンバーが決められ、幹部クラスは自家用車での合流が許されました。

担当役員である藤井常務（仮名）の年齢は50代半ば。中堅大学を卒業し、新卒で入社、これまで営業畑を歩んできました。トヨタのクラウンが愛車で、スマホの待ち受け画像はもちろん愛車のクラウンでした。

そして、待ち合わせ場所に最後に登場したのが井上部長（仮名）でした。年齢は40歳、UCLA（カリフォルニア大学ロサンゼルス校：THE世界大学ランキングにおける上位置常連校）を卒業し、米国の政府系金融機関に就職しました。
2年前に、ヘッドハンティングされてS総研に入社、社内でも次期取締役候補として将来を嘱望されていました。しかし、井上部長の登場を境に藤井常務の表情が険しくなったのです。

藤井常務「今、何時だと思っているんだ！　君はすでに取締役になったつもりかね？」
井上部長「10時集合に間に合っています。何かご不満でしょうか？」
藤井常務「当たり前だ！　部長の分際で最後に合流するとは何事だ！　けしからん奴だ！」
井上部長「そう言われても……困ります」

井上部長は、藤井常務がなぜ怒っているのかわかりません。
じつは、藤井常務は井上部長が自分より遅く来たことに怒ったわけではないのです。怒りの本当の理由は、自分のクラウンが廉価モデルだったのに対し、井上部長のクラウンは最上級モデルだったことにありました。部下のほうがグレードの高いクルマに乗っていたので、それが面白くなかったというわけです。

さて、こういうひと悶着は起きたものの、その場はどうにか収まりました。しかし、工場見学が終わった後の宴会で、井上部長の運命を決定付ける修羅場《しゅらば》が待っていました。

藤井常務の「無礼講」のあいさつがあり、宴もたけなわで、カラオケ大会も終盤に差しかかっていました。

藤井常務の十八番《おはこ》は石原裕次郎の「ブランデーグラス」でした。井上部長は、藤井常務に気を遣い「藤井常務！　最後にビシッと決めてください」と一言。

藤井常務は「今日は飲みすぎて声が出ない。君が歌ったらどうかね。今日は無礼講だ！」と返しました。

「それでは」と井上部長、おもむろにマイクをつかみ「ブランデーグラス」を歌い始めたのです。

石原裕次郎ばりに低音ボイスでビブラートが効いた、まさに熱唱でした。周囲は〝マイナス10度〟に凍り付いていましたが、酔った井上部長は満足そうな表情でした。

その翌月、井上部長はデータセンターに異動になりました。データセンターは過去の資料や出版物を扱う資料室のようなもので、端的に言えば左遷です。

その後、井上部長にスポットライトが当たることはありません。社内では「ブランデーグラス事件」として語り継がれることになりました。

◎お酒を勧められたときの対処法

私の経験上、本当に優秀な社員はどのような場であっても型を崩しません。つまり、部下としての一線を越えることはないのです。

「今日は無礼講だ！」と言われて、「ありがとうございます。それでは〜」と型を崩してはいけません。

「無礼講」と言われたら、むしろ普段より慎重な対応が求められます。

社交辞令をまともに受けると大変なことになると覚えておくべきでしょう。

その日の役割を遂行したければ、お酒を飲まないことです。私はこのような席でお酒を勧められても「今日は風邪気味で、風邪薬を飲んでいるので飲めません」と一滴も飲みませんでした。

飲んでいないと完全シラフなので、場面を的確に掌握できました。「上司の悪口」「会社の批判」で話を振られても、一切同調せずに淡々と対応することができたのです。

では万が一、しつこくお酒を勧めてくる人がいたらどうするか。

そういうときは、何も入っていないコップを倒したフリをして、その場をリセットします。とにかく、お酒を飲まないことが重要です。

また、仕事の電話が掛かってきたフリをしながら席を立ったり、トイレに中座したりすることも有効です。戻ってきて何事もなかったかのように振る舞えば、一件落着ということになります。

上司と飲みに行き、お酒が原因で評価を下げる人は少なくありません。

筆者は、社内の人とお酒を飲むことは基本的にお勧めしません。飲むのは会社以外の人とにした方が無難だと申し上げておきます。

お酒を勧められたときの断り方

「風邪薬を飲んでいるので……」と体調を理由にする。

何も入っていないコップを倒したフリをする。

ウーロンハイを頼んで、店員さんにこっそりウーロン茶に変えてもらう。

健康診断で引っかかって、ドクターストップがかかっていることにする。

「飲めない体質」だと宣言する。過去に「ビール１杯で救急車で運ばれた」などのエピソードもあるとなお良し。

仕事の電話がかかってきたフリをしてその場を離れる。

トイレに行く。

第2章のまとめ

・もしも違法行為を依頼されたら、相手のメンツを保つためにとりあえず引き受け、あとは放置しておく
・怒っている人の相手をするときは、とりあえず距離を置いて時間を取り、怒りのピークが過ぎるのを待つ
・自分の意見を翻すときに備えて、先に言い訳や言い逃れの言葉を用意しておくことも戦略の1つ
・悪口、陰口は必ず相手に伝わったり自分に返ってきたりするので、絶対に言わない
・自分を信頼してもらうには、口の堅さと、ちょっとした不完全さアピールが有効
・無礼講は無礼講ではない。社員同士の飲み会の席では、できればお酒は飲まないほうがいい

コラム

情報を載せすぎない美徳がある

私の知人に、名刺にメールアドレスもケータイ番号も記載していない人がいます。

彼曰《いわ》く、「最初から印字しているとそれが当たり前になってしまう」ということが嫌みたいです。

その代わり、彼は別れ際に次のように言います。

「名刺には事務所の電話番号だけでケータイの番号が書いてありません」

「電話だと連絡がとりにくい場合がありますので、メールアドレスをお教えします」

と断りながら手書きで名刺の裏に書き込んでいくのです。

相手は「他の方には教えていないケータイ番号（メールアドレス）を自分には教えてくれた」と思うのでアピールにつながります。

彼がケータイ番号やメールアドレスを教えるのは、年配の経営者と決まっています。

年配者はスマホが普及する前から所持していたことが多いので、俗に言う珍しい語呂番号を使用している人が少なくありません。

自分の誕生日や家族の誕生日、ペットの誕生日、占い師に選んでもらった番号など多岐にわたります。

自分があえて電話番号を書き加えることで、電話番号で話が盛り上がったり、家族の名前、ペットの名前が話題になります。このような些細なことが話のネタにつながります。

彼にとっては常套《じょうとう》手段ともいえますが、話のツカミが欲しい人にとっては参考にすべき手法でしょう。

ただ機械的に名刺を渡すだけでは会話が広がりにくいものですが、手で書き加えるという一手間を加えることで、特別感を演出し、話の取っ掛かりができます。

特に最近はSNSが普及した結果、自分の名刺に、WebサイトやブログのURL、ソーシャルメディアの情報、自分のケータイ番号やメールアドレスの詳細について記載している人がいます。

そうした状況の中で、あえて情報を載せないことのインパクトや効果を考えると面白いでしょう。

なお、プロフィールを盛りすぎな人、写真もタレントの宣材のようにバッチリ決めて「座右の銘」「ビジョン」「格言」などを名刺に書き込んでいる人もいます。

ちょっと前だったら珍しいと相手の印象に残る良い手段だったかもしれませんが、最近はそういう人が多くなったので、あまり目立ちません。また、そこに書かれている肩書が身分相応でない場合、私としてはかなりの違和感を覚えます。

意識高い系は一般の人には通じません。情報はシンプルで載せすぎないほうが価値が高まるとは思いませんか。

第3章

上司に気に入られる仕事術

なんだかんだ言って、
会社員にとって最大の顧客は上司です。
消費者やクライアントを
満足させることも大切ですが、
それと同じくらい、上司を慮ることを
ないがしろにしてはいけません。
上司との関係が良好なほうが、
普段の仕事もスムーズに運びますし、
提案も受け入れられやすくなります。
上司を引き立て、気に入られ、
うまく社内で根回しする方法を
身につけましょう。

ルールその14

上司の仕事のやり方にやたら口を出さない

部下がまずやらなければいけないこと。それは上司の性格を理解することです。「なぜ、あの上司は評価が高いのか」「なぜ、あの上司の評価が低いのか」などの詳細についても、把握しておかなければいけません。

ここでのポイントは、**あなたの基準で上司の良い悪いを決めてはいけない、**ということです。

あなたの目から見て人間的に尊敬できない人が上司だったとしても、上司であるということは会社がその人のどこかを評価したり、何かしらの利益をもたらしたりしている人物である可能性が高いのです。

そこをよく理解せず、自分の価値観だけで上司を評価して行動すると、手痛い目に遭うことがあります。

私の知っている例では、このようなことがありました。

デザイン会社に勤務している中野君は、新任上司の今村課長と同行営業をする機会が増えていました。

今日はある食品会社との打ち合わせ。そこには、食品会社と広告代理店の担当者が同席していました。早速、打ち合わせが始まります。

話はスムーズに進み、早速、大型の受注が確定します。今村課長は言いました。

「デザイン制作費は１０００万円でお願いします」

しかし、部下の中野君には少々気になることがありました。そして次回の打ち合わせ時に、その心配が的中することになります。

今村課長は受注申込書を持参していました。そこには、食品会社と広告代理店に対して、各々１０００万円の金額が書かれていたのです。

これを見て、食品会社と広告代理店の担当者の顔つきが急に険しくなりました。

「１０００万円の約束ではないのですか？」

それに対して、今村課長は涼しい顔で言います。

「ですから、各々1000万円の受注申込書を持参しました」

最終的にはこれでは収まらずに、3社の役員同士が協議をせざるを得ない事態にまで問題が大きくなりました。

しかし、案件が発生するたびにトラブルになってしまっては大変です。そのため、中野君は打ち合わせのなかで度々、次のように口を出すようになりました。

今村「それではデザイン制作費は1000万円でいいですね」

中野「それは総トータルで1000万円という意味ですね」

今村「半金請求させてもらってよろしいですか」

中野「1000万円の1／2の500万円を今月末に請求させていただきます。お支払いは御社規定で問題ございません」

中野君は、自分の役割を「トラブルを未然に防ぐ係」として考えていました。

ところが、こうした中野君の行動は今村課長の逆鱗に触れたようでした。ある日、打ち合わせの最中にいきなり「お前はウザいんだよ。黙っていろ！」と、お客さまの前で罵倒されてしまったのです。

社内でも今村課長の怒りは収まりそうもありません。

「中野はとんでもない奴だ。客先で上司である僕に恥をかかせるんだ。聞いてくれよ！」

すっかり、中野君は社内でも評価を下げてしまったのです。

この場合はどうすべきだったのでしょうか。

それは**「放っておくこと」**でした。

何を言ったところで「恥をかかせている」と言われるのだから、放っておけば良かったのです。失敗してもその責任は今村課長にありますので、部下が余計なことをすべきではなかったのです。

たしかにお客さまにとっては、中野君の説明はありがたかったことでしょう。ですが、中野君は今村課長との関係性も同じくらい重視しなければいけませんでした。

おそらく、今村課長はこのような仕事のやり方で成果を出してきたのでしょう。だからこそ、課長になれたのかもしれません。それに対して、中野君が自分の価値観で口を出すべきではなかったのです。

良かれと思ってやったことも、上司の逆鱗に触れてしまっては意味がありません。仕事の進め方は人それぞれです。余計な口を出すとろくなことにならないのです。

ルールその15

ひと言多い上司の味方につく

前節とは逆に、仕事でしっかり成果を出しているのに、なぜかなかなか昇進しない、昇進が遅い上司というのも世の中にはいます。

じつは、こういう上司の下についたら大きなチャンスで、味方につけるべき人といえるでしょう。

成果を出しているにもかかわらず昇進昇格が遅い人は、人間関係構築力に問題がある場合が少なくありません。要するに、**能力は高いけれど、世渡りの力がない人です。**

昇進昇格が早い上司は部下を称えることができます。そのため、部員が上司を中心にまとまり、高いパフォーマンスを発揮することができます。

こんな感じです。

営業「課長、A社から受注をとりました」
課長「おめでとう！　期待しているぞ！」
営業「課長、A社から受注をとりました」
課長「よくやった！　でも君の実力ならこんなものではないと思うが」

次に、昇進昇格が低い上司の特徴です。違いがわかるでしょうか。

営業「課長、A社から受注をとりました」
課長「そうか。雪でも降らなきゃいいがな」
営業「課長、A社から受注をとりました」
課長「お前にしては頑張ったな。あまり調子に乗るなよ！」

ひと言多いわけです。部下からしたら不愉快かもしれません。

ところが、このような上司はどこにでもいます。上司も自分の悪いクセには気がついていないものです。

こういう上司は、成果を挙げてきたのでゆっくりとではあるけれど出世をしてきています。そして、自分の仕事に直接的な支障があるわけではないので、短所を修正することなくここまで来てしまいました。だから「褒める言葉」が出てきません。

褒めるのが恥ずかしかったり、照れくさかったり、考えれば考えるほど逆の言葉を発してしまうクセが、このような上司には多いのです。

もしこのような上司の短所をあなたがサポートできたらどうでしょうか。上司が褒めるのが苦手だったら、「部長はさっきああ言ったけど、本当はかなり評価していますよ」などと言葉を補えば、上司はさらに出世して、あなたも引き上げられます。上司とあなたの関係性はゆるぎないものになるでしょう。

性格的な相性も重要ですが、組織を俯瞰して、次にどのようなアクションをとるべきか考えておくことは大切です。

最優先で味方につけるべき上司がわかるチェックリスト

- 仕事はできる（これは必須項目）
- 余計なひと言が多い
- オブラートに包んだ言い方ができない
- 褒めるのが苦手
- 人前でしゃべるのが苦手
- 表情が乏しい
- まず否定から入ってしまう
- 世間話などを一切しない
- お世辞が言えない
- セクハラまがいの発言がたまにある

ルールその16

上司への進言は自尊心をくすぐりながら

自分が良いと思ったことを進言しても、上司の反応が芳しくなく、逆に自分の評価を下げてしまうことはよくあります。

でも、最初から反対してくれればまだいいほうです。その場では好感触な、思わせぶりな返事をしておいて、あとからハシゴを外されてしまうことも珍しくありません。

そんな上司の下にいても未来はありませんが、部下は上司を選ぶことができません。上司は状況が悪くなると躊躇《ちゅうちょ》なく部下を裏切ります。

しかしこれは仕方のないことです。**テレビドラマでもない限り、部下の責任を被って上に談判するような人は存在しません。**そんなことをしていたら会社のなかで生きていくことができないからです。正義感にあふれた上司はドラマやマンガの中にしかいない人物にすぎません。

だから部下も賢くならなければいけません。

まず、上司の方針に納得できなければ、基本的には従う理由はありません。ただ、それでも進言したいという場合は、うまく立ち回りましょう。


私が大手の人事コンサルタント会社で仕事をしていたときの話になります。

その会社は、都内の一等地に本社を構え、業界でも大手でした。毎日17時になると、各グループで〆会が行れて売上が読み上げられます。

その際、ボウズ（売上ゼロ）の社員はグループの全社員から詰問を受けます。

「どうしたら○○さんの数字が上がるようになるのか」

「誰が問題なのか」

そのような日常の繰り返しで、営業マンは1年中ノルマに追われていました。早朝出社、土日出社が推奨され、夜も終電間際まで残業が続きます。しかし年俸制で裁量労働制なので残業代は出ません。

部内で体調不良に陥る人が多かったのです。

そこである日、とある社員（A君）が、こんな風に、上司であるマネジャーに進言しました。

「メンバーから残業の不満が噴出しています。何か対策が必要ではないでしょうか」

マネジャーは「わかった、部長に掛け合ってみる」と返事をします。ところが、翌日になると、マネジャーからメンバーに対して厳しい叱責がありました。

「残業が多いのは売上が足りないからだ」

「売上を達成すれば定時に帰ろうが自由だ。自らの怠慢を会社のせいにするんじゃない」

びっくりしたA君は「話が違う」と駆け寄ります。

しかし、「そんなことは知らない」とマネジャー。こうしてA君は、周囲の営業部員たちの冷たい視線を浴びることになったのでした。

これは、単純にA君が「お人よし」だったということです。

では、どのように対応すべきだったのでしょうか。場面を思い出してみましょう。

A君の進言を受けて、マネジャーが「わかった、部長に掛け合ってみる」との返事をします。

ここまでは変わりません。しかし、確実なものにするなら、次のような念押しが必要でした。

「部長は首をたてに振ってくれますでしょうか？　信頼の厚いマネジャーの話ですから大丈夫とは思いますが気になります。やはり無理かもしれないので、やめておきますか？」

こんな風に、さりげなくマネジャーの自尊心をくすぐるのです。ここで、

「明日、話すから大丈夫」

「とりあえず任せておきたまえ」

このようになったら、マネジャーは自らの意見として部長に話さなくてはいけなくなります。部下の話を部長に報告するのとでは大違いです。

上司と話をする際には、常に予防線を張らなくてはいけません。上司は裏切るものとしてインプットしておかなくてはいけないのです。

ルールその17

「苦労アピール」はしない

会社勤めをしていて嬉しい瞬間というものが存在します。お客さまに褒められたとき、大きな仕事を受注したときなどさまざまな出来事があるでしょう。

ただ、会社員として一番身近なのは、やはり社内で上司に評価されたときではないかと思います。

あなたが火の粉を浴びたくないのなら、**どんなに嬉しいことや評価されることがあっても浮かれてはいけません。**

事実、私が見てきた優秀な人たちは、評価されるべきポイントを押さえていて謙遜につとめていました。謙遜していれば人から反発を買うリスクは下げられます。ここで次の事例を紹介しましょう。

マッケンジー社（仮名）は業界中堅のコンサルティング会社です。

入社3年目の有吉君は、半年がかりの粘り強い提案によって、総合商社M商事から大型受注を獲得します。その額は数億円の規模で、マッケンジー社にとっても過去最大の受注となり社内でも話題になっています。

さて、有吉君は社に戻り、部長に報告します。部長の期待に応えたと有吉君は上機嫌です。早速、部長に連れられて社長のもとに報告に行きます。

社長は満面の笑みで「よくやったな」「頑張ったな、ありがとう」と握手を求めてきます。有吉君も嬉しくて「マジで大変でした！」「寝ずに頑張ったので疲れました！」と率直な想いを吐露します。

これが問題です。

決してすごいアピールをしたわけではありませんが、このような発言は逆効果になってしまうリスクがあります。

事実、社長はきびすをかえして、「では席に戻りたまえ」とそっけない態度になってしまいました。部長も厳しい表情をしています。なぜでしょうか。

まず、**社長に褒められたことで嬉しそうな素振りを見せるようであれば、人としての器が見えてしまいます。**「こんな程度で嬉しいんだな」と思われてしまうのです。

苦労話やアピールを話し出せば「そんな程度で満足しているんじゃない！」と思われてしまうでしょう。今回はまぐれ当たりだったのかなと思われても仕方ありません。

苦労話やアピールは確実に評価を下げていくので要注意です。このケースであれば、社長のみならず、社長のところに連れて行った部長の顔をもつぶしたことになります。これでは、大幅な評価アップは期待できません。

評価を上げる社員は、苦労話やアピールはしません。労《ねぎら》いの言葉があったら「思いのほか苦戦してしまいました。時間をかけてしまったことお詫びいたします」。このように思慮深く謙遜するはずです。

謙遜できない社員のことを「ボンクラ」と言います。

ボンクラは、漢字では「盆が暗い」と書きます。

元々は博打《ばくち》で使われた言葉で、サイコロの目を見通す能力に暗いこと（つまり、勝負に弱い人）を揶揄《やゆ》する言葉だったといいます。

ほかにも、ぼんやりして物事がわかっていないさま、間が抜けた人を罵る言葉として使われていました。あなたはボンクラになってはいけません。

ルールその18

手柄は上司に譲ってしまおう

ボンクラにならないために留意しなければならないことがあります。上司は部下のマネジメント責任を負っています。責任を負う立場ですから、部下の行動についても把握をしておく義務があります。

上司がもっとも嫌がるのは、悪い情報が「寝耳に水」の状態で報告されることです。寝耳に水状態の場合、上司にとってはたとえ報告を受けたとしても、それは背信行為になります。「あいつは使えない」「クビにするか」と思われても不思議ではありません。

私はコンサルティング会社に勤務をしていたとき、確実に勝てるという局面になって初めて上司に同行を依頼したものです。

「8割くらいは固まっていると思うのですが、他社もいい提案をしているようで、先方が迷っています。これ以上、私には何もできないので、同行いただいて判断を仰ぐことは可能でしょうか?」

と、こんな具合です。

すると上司は「よし、そういうことなら、オレも一緒に行って決めてきてやろう」と気合が入るものです。

最後のゴールのテープを上司に切らせることで、気持ち良くなってもらうことが大切です。あなたは上司を上手くヨイショしていれば、評価はうなぎのぼりに高まっていくでしょう。

上司もさすがに「オレに最後の美味しい場面をよこせ!」などと直接的には口に出しません。あなたが上司と上手くやる必要がないと思うなら上司を立てる必要はありませんが、一定の関係を構築したいと考えるなら、ヨイショしなくてはいけません。

戦国時代に、豊臣秀吉は毛利家の備中高松城を攻撃した際、ほぼ勝利は目に見えているにもかかわらず、織田信長に援軍を依頼したとされています。

「信長様のご威光がなければ勝利することはできません。どうぞお助けください」

「信長様のご威光で今回の合戦は勝利することができました」

戦略に長けていた織田信長のことですから、戦況を把握すれば、勝ちが眼の前にあることは充分に理解できたはずです。

ところが信長に最後の仕上げをお願いし、ほかの武将へのインパクトやその後の成果を計算した秀吉は一歩先を読んでいたことになります。

社内には、自己主張の強い社員がいるものです。いい場面のときほど謙虚になって、手柄を上司に譲ってしまえば「ソツがない＝気が利く」と思われます。

ルールその19

上司にやたら質問をしてはいけない

突然ですが皆さん、こんな小料理屋に行きたいですか？

店主「いらっしゃいませ。本日は何を召し上がりますか？」
お客「本日のおすすめがいいな。お任せするよ！」
店主「魚系がよろしいですか、それとも肉系がよろしいですか？」
お客「ん？　じゃあ、魚で……」
店主「刺身がいいですか？　あ、焼きですか？　それとも、揚げますか？」
お客「ん？　だから、大将にお任せするよ！」
店主「それでは困ります。どれか選んでください」

お客「あー、じゃ焼きで頼むよ……」
店主「焼き方はどうしますか？」
お客「………」

私なら二度と暖簾《のれん》をくぐらない料理屋です。任せると言っているのに、いちいち具体的な指示を求めてくる小料理屋では、くつろげるものもくつろげません。

上司との会話でも同じことが言えます。**「任せる」と言われたら、上司が期待している「任せる」を具現化しなければいけません。**ここであれこれ質問していたら、自分の能力が低いと言っているようなものです。

ただし当然ながら、この言葉を真に受けて、すべてのことを上司の確認を取らずに進めてしまうのも、もちろんNGです。意見を聞いたり、判断を仰いだりしたほうが良さそうなところは、ちゃんと確認を取りましょう。

こういうのを「阿吽《あうん》の呼吸」と言います。では、この阿吽の呼吸、どうやって身につけたらいいのでしょうか？

残念ながら地道な努力しかありません。基本的に上司の言動に常に注意を払い、考え方のパターンを理解するように努めることが、一番の上達法ではないかと思います。

参考になるのは、過去にその上司が仕事を進める上で、どういうやり方をしていたのかを確認することです。あるいは、ほかの部下がどういうところで注意されているのかを観察するのもいいでしょう。

過去にこんな場面ではこれを望んでいたから、今回も同じようなことを望んでいるだろう、というように、阿吽の呼吸の対象者と過ごした経験の分だけ、実力がアップするのです。

「え〜、それじゃ、即効性もないし、面倒だなぁ」と思ったあなた、それは違います。

「阿吽の呼吸」が大切であることに気づいているか、気づいていないかが、将来的に大きな差を生むのです。

いま、本書を読んでこの事実に気づいたあなたは、それだけで一歩成長したことになります。経験でしか得られないということは、どれだけ早く気づくかの差です。早く気づいて努力することが、最高の対処法になることを覚えてください。

ルールその20

上司の武勇伝は積極的に聞く

直属の上司とは仲が良いに越したことはありません。上司に気に入られていないだけで、理不尽な目に遭う確率は大きく上がります。

そのための一番良い方法は、とにかく毎日、上司とコミュニケーションをとることです。別に、無理に世間話をする必要はありません。たとえば出社したとき、職場全体に向けて「おはようございます」と言うだけではなく、**「○○課長、おはようございます」**と名前を呼ぶだけでもまったく印象が変わります。

あるいは、上司の世間話を適当に流さず、しっかりうなずき、相槌を打つだけでも「こいつはちゃんと話を聞いている」というアピールになります。当然ながら、こういうときの会話で自分の話をし始めたりしてはいけません。聞き役に徹して、ただ相手の話に対して肯定するだけです。

もっと効果的なのは、上司の武勇伝を聞くことでしょう。とはいえ、直球に「武勇伝を聞かせてください」とお願いしても上司は戸惑うだけだと思うので、こんな風に聞いてみるのです。

「いま、新規のお客様との商談で苦労しているのですが、部長が『課長は営業のスペシャリストだ』とおっしゃっていたのを小耳に挟みました。今後の参考のために、営業マンだったときのお話を聞かせていただけませんか？」

ここで重要なのは、より上位の人間（この場合は部長）が褒めていたことをさりげなく伝えつつ、自分の学びのために聞きたいという自分の積極性をもアピールしているところです。こういう聞き方だったら、快く受け入れてくれるでしょう。

ちなみに、**この手段は気難しくて嫌な上司ほど効果があります。**そういう上司は他の人間からも嫌われていたり、距離を置かれていたりすることが多いので、積極的にコミュニケーションをとるだけで可愛がられやすいのです。

ルールその21

細かいところで上司に気に入られておく

つねに謝罪を余儀なくされている社員がいる一方で、上司に可愛がられて引き上げられる人がいます。

知人の議員秘書（A君）は会った人に直筆で手紙を送り、名前と電話番号を暗記していました。当時はいまほどケータイ電話が普及していない時代です。先生に「○○議員の事務所に電話してくれるか」「党本部の幹事長室にまわして」と言われてアドレス帳や手帳をめくっていたのでは遅すぎるのです。

さらに、記憶力が良く顔の特徴まで覚えていますから、セミナー会場や事務所に突然の来訪があっても、名前がスラスラと出てきます。痒《かゆ》いところに手が届いたお陰で、A君は出世頭となり、現在は地元の市議会議員をしています。

またほかの秘書（B君）は、都内の道路を完全に把握していました。公務などがある場合、幹線道路の渋滞は大変危険です。ところがB君は抜け道まで網羅《もうら》していたので時間に遅れることはありませんでした。

さらに、B君は余念なくチェックする性質がありました。

初めて行く場所であれば前日に下見をして、トイレの場所、会合場所の位置、レストランのチェック、すべてを終わらせていたのです。

これなら「トイレどこかな？」と聞かれて、「フロントで聞いてきます」「近くのボーイに確認します」と慌てふためくこともありません。

「腹減ったな、飯でも食っていくか？」と聞かれたら

「このホテルには、和食はすし屋と天ぷら屋、中華、イタリアン、フレンチ、あとはラウンジのカフェがあります。お腹がすいているなら和食が美味しいので如何《いかが》でしょうか？」

とすぐに対応できるようでなければいけません。「お店のインプットは秘書として当然」だと、B君は力説します。

いま紹介したA君もB君も、別に仕事でミスをしないわけではありません。すべてが完璧なわけではないので、失敗して叱られることもあります。

ただ、普段のパフォーマンスが優れているため、理不尽な目に遭うことはありません。**理不尽な目に遭わないようにするには、そのための環境を自分で作っておく必要があるのです。**

それにはまず、人間関係構築力を磨くことです。

別に、A君やB君のように、すごい記憶力や配慮は必要ありません。たとえば、「上司から頼まれたちょっとした仕事は絶対にその日中に終わらせる」「上司よりも必ず先に出社する」などでもいいのです。

とにかく上司が「おっ、こいつはやる気あるな」と思うようなことの積み重ねが、信頼関係を生みます。

これがあるかないかで、いざというときの対応がまったく変わります。

たとえば、上司と仕事の進め方について話しているとき、「それよりも、こうしたほうが良いのではないでしょうか」と別のアイデアを提案したとしましょう。

もちろん、こうした発言は本人にやる気があってのことですが、もしも上司と良好な信頼関係を築けていなければ、上司の考えを否定したと受け取られます。「自分に反発してくる生意気な部下だ」という評価を持たれかねません。

そこが改善しないまま時間が経過すると、上司からは「扱いづらい」と評価されてしまいます。

こうなると、良いアイデアを持っていても正当に評価してもらえず、頑張れば頑張るほど空回りする袋小路に追いやられてしまいます。

こうなると悲惨です。上司には逆らわず、ただひたすら上司が求める結果を出すことに集中するしかありません。普段のちょっとしたことから、上司に与える印象を引き上げておくことを意識しましょう。

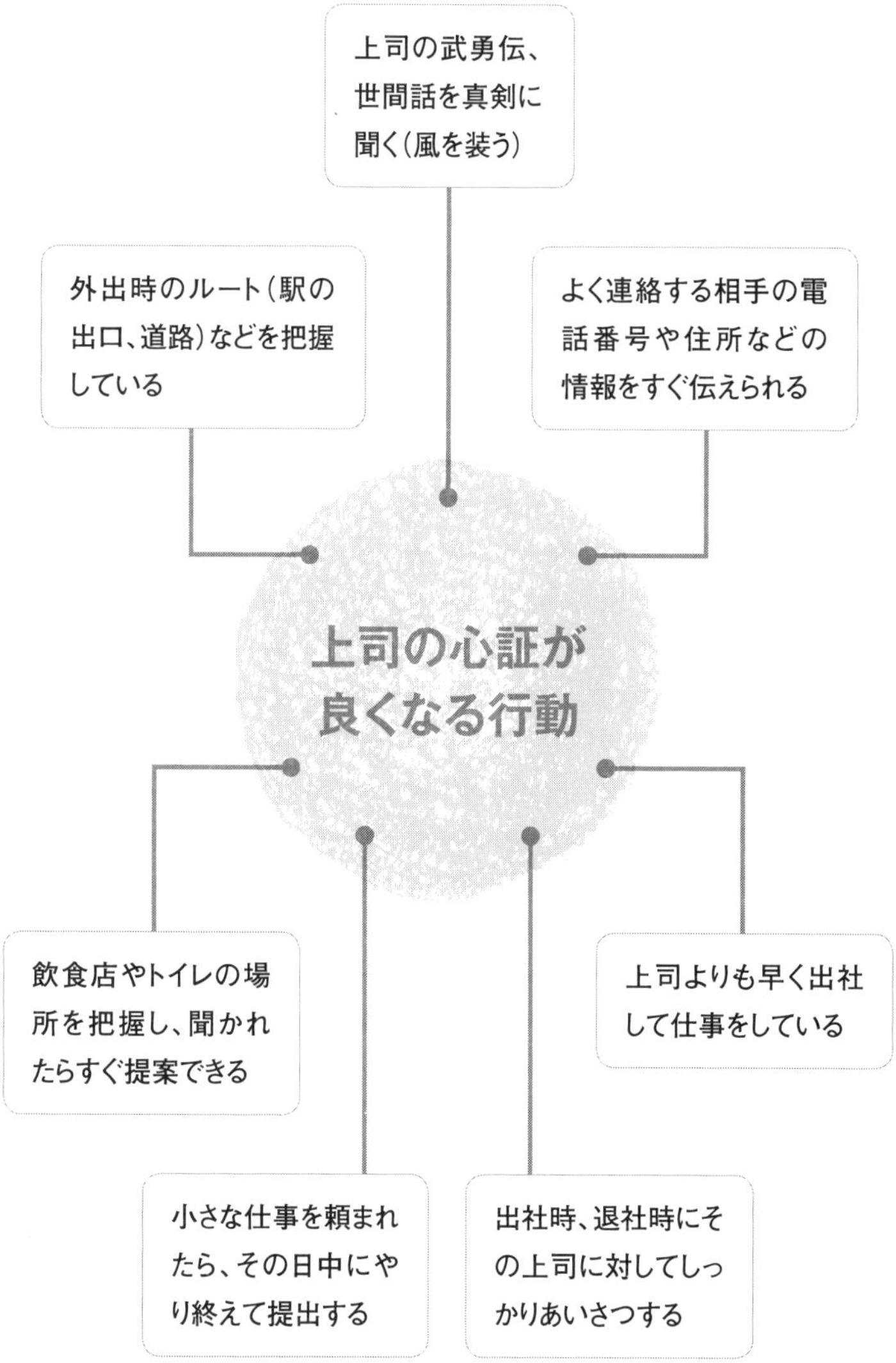
上司の武勇伝、世間話を真剣に聞く（風を装う）
外出時のルート（駅の出口、道路）などを把握している
よく連絡する相手の電話番号や住所などの情報をすぐ伝えられる
上司の心証が良くなる行動
飲食店やトイレの場所を把握し、聞かれたらすぐ提案できる
上司よりも早く出社して仕事をしている
小さな仕事を頼まれたら、その日中にやり終えて提出する
出社時、退社時にその上司に対してしっかりあいさつする

ルールその22

提案で大事な根回しをマスターする

社内で何か提案するときに重要なのは「根回し」です。

どんな人でも、藪《やぶ》から棒に、いきなり話を切り出されると面食らってしまいます。そうすると、条件反射的に反発したりしてしまうものです。

そうしたインパクトを和らげるためにも、本題を切り出す前に「じつは、こういう提案をしようと考えているのですが……」と先に話をしておくことが大切なのです。

そのときにまず、はずしてはいけないのが、社内の意思決定におけるキーマンを見極めておくこと。

会社という組織では、肩書では下のほうにいる人が、じつはプロジェクトの可否に影響を与えることが少なくありません。これは普段から人間関係をチェックし、誰の発言が会議などで重視されているのかを観察しましょう。

それから、あなたの提案に反対しそうな人にも、事前に相談しておきます。その際、**「○○さんには事前にお話ししておいたほうがいいと思いまして……」**などと、ここでも相手の自尊心をくすぐるような言い方をすると効果的です。

それでも反対はされるかもしれませんが、いきなり提案されるよりも対応がやわらかくなります。

あとは役職者です。

役職者に話を通さないでおくと、メンツをつぶされたと感じ、猛烈に反対されるリスクがあります。重要な提案であればあるほど、「事前に伺った」という形を作ることが大切なのです。

これはもちろん、社外の人間にプレゼンをしたりするときも有効です。私がそのときに気をつけたのは、**「根回しだと感じさせない根回し」**にすることでした。このときも、ポイントはいくつかあります。

・「ちょっとお話を伺えませんか？」と誘う

・基本的に一対一で会う
・その場で合意を取る

会うことさえできれば、話はスムーズに運ぶことが多いはずです。実際、コンペなどで完全にオープン、公正なものは滅多にありません。

もし、あなたが事前に会おうとしてもかたくなに拒否された場合、ライバルに先を越されているのかもしれません。その時点で自分たちの提案はかなり分が悪いと思ったほうがいいでしょう。

ただし注意点としては、**その場で自分の言質を取られてはいけない**ということです。

計画の実行に際して何かを約束させられたりしそうになっても、それを肯定してはいけません。「善処する」「検討する」「頑張る」などの言葉でかわしておきましょう。

第3章のまとめ

・自分に迷惑が降りかからない以上、上司の仕事の進め方にあまり口を出してはいけない
・コミュニケーションに難があるせいでなかなか出世できない上司は、うまくサポートすれば一緒に昇進できる可能性があるので積極的に味方にしたい
・上司に何か提案するときは自尊心をくすぐるようなひと言を付け加える
・苦労アピールをしない
・自分が9割がたやってきたことも最後は上司に譲って手柄を立てさせてみる
・仕事を任せられたら、上司にやたら質問をして判断を仰ぎすぎてはいけない
・上司の世間話や武勇伝はおとなしく聞き、日常の細かい部分で信頼を勝ち得ておく
・会議で提案するときは必ず事前に根回ししておく

コラム

チャレンジできるかは「社風」と「年齢」で決まる

どのくらい仕事でチャレンジできるかは、どのくらいミスやトラブルが許容されるかによって決まります。そしてそれは、「社風」と「年齢」に左右されます。

たとえば体育会系の会社よりも、官僚的な仕事が求められる会社のほうが、ちょっとしたミスやトラブルが査定に大きく影響しがちです。

体育会系の会社の場合は、多少失敗しても「元気がある社員」として肯定的に受け止められることも少なくありません。自分が働いている会社の社風がどのようなものかは、把握しておくに越したことはないでしょう。

そのとき、チェックするポイントは3つあります。

1．自由にモノが言えるか

思ったことを気軽に口にできる雰囲気かは大切です。たとえば、新入社員や平社員、あるいは中途採用者にはあまり発言権が与えられていなかったりする場合、チャレンジをした結果のミスや失態に厳しいことがよくあります。

2．時間のメリハリをつけて働けるか

上司の帰りが遅く、ダラダラと残業をするのが常態化している会社があります。残業して遅くまで働いていることが美徳とされる会社も、まだまだあります。また、飲み会への参加を強制されたり、休日のイベント参加などを要請されたりするところも要注意です。

3．若すぎる上司がいないか

実力主義と銘打って、経験の足りない人材を管理職に登用する会社があります。しかし、プレイヤーとしての実力とマネジャーとしての実力はまったく別物ですから、そのような会社の場合、管理能力の低い人が上司になってしまうことがあります。

この場合も、チャレンジした結果の失敗に潔く責任を取っても、それが評価されないこともあります。

もう1つの重要なファクターは年齢です。**チャレンジした結果の失敗は、若い人ほど許されます。**しかし、すでに社会人経験を10年、20年も積んでいる社員が同じようなチャレンジをして失敗すると、どうしても周囲の視線や風当たりは厳しいものになってしまいます。

もしもあなたが20代なら、積極的にチャレンジしても良いでしょう。責任の大きさなんて、高《たか》が知れています。あるいは、同僚たちから陰口を叩かれるくらい上位者にゴマをってもいいと思います。陰口の数が多いほど、将来は明るいと考えて良いです。

30代になったら、一通りの経験を積んでいると思いますから、チャレンジの内容の分別もつくようになっていると思います。

ここで重要なのが、社外に人脈を作り、いつでもやめられるような環境にあるか否かです。社外に人脈が形成できているなら、多少リスキーなことをしても大丈夫ですが、そうでなく、その会社に骨をうずめるつもりでいるなら、20代のときよりも慎重な行動が求められます。

さて40代であれば、すでに社内で相応のポジションについていることと思います。もちろん、社外に人脈があるなら、社外にポストを求める道もありますが、そうでないなら覚悟を決めて、チャレンジを抑えるべきでしょう。

その分、ストレスも大きくなるかもしれませんが、そこで大切なのが、自分を気に入っている上司をうまく出世させ、自分もそのおこぼれに与かるという戦法です。

50代の人の場合、チャレンジするのは基本的に部下に任せ、部下の失敗についてはどのくらい自分が責任を持つかを慎重に判断しましょう。あるいは自分の処世術を部下に教える番と言えます。

第4章

ご機嫌を取ってうまいことやる

ルされる生き物です。
機嫌が良いときにするか、
かで
きます。
んが、
ご機嫌を見極め、
生まれます。
自分の意見は封じ込めて、
う。

ルールその23

ゴマすりのプロになろう

「ヨイショ」「ゴマすり」というとネガティブな印象を持っている人も多いかもしれませんが、そんなことはありません。

むしろ、普通の人が嫌がったり、恥ずかしがったりしてなかなかできないことにこそ価値があるのです。

私はこれまで、「絶対にこの人にはかなわない」という人にも会いました。その人のやることなすこと、わかりやすすぎるくらい「ゴマすり」なのです。**ゴマすりも極めれば嫌みにもなりません。むしろ尊敬に値します。**

その人はA社に勤務する「すり夫」（仮名）さんです。

「すり夫」さんはどちらかといえば、カッコ悪い容姿です。背は低く中年太り、髪は薄くファッションセンスもありません。しかし、ゴマすりの腕前は天下一品なのです。

「いや〜、社長、そのネクタイ、とてもすばらしいセンスでいらっしゃいますね」

ネクタイをほめるのはゴマすりの定番のようなものですが、その「すり夫」さんは臆面もなく、堂々とゴマすりの王道をいきます。

「社長、いまのお言葉、すばらしいですね。大変恐れ入りますが、お言葉を書にしたためていただくことはできませんでしょうか？」

そう言って、さっと懐から毛筆のペンを出し、自分の手帳の一番初めのページを差し出します。

「ええ、こんなところに書いちゃっていいのかね。大事な手帳でしょ？」

「いいんです。社長のお言葉、本当にすばらしいものでしたので、ぜひ、お願いします。むしろ色紙を用意しておらず、申し訳ございません」

「すり夫」さんのテクニックは本当に聞いているこちらの背中がムズムズしてくるようなゴマすり術でした。とにかく「相手を尊敬している」という態度を、あれやこれやのテクニックを使って表し、ゴマをすりまくるのです。

ゴマすりも極めれば、立派なテクニックです。

そんな「すり夫」さんは、お客さまとのトラブルなど聞いたことがありません。むしろ、若手社員がトラブルを起こしてしまうと、その火消しにいつも登板して頼られていました。

ルールその24

事態をわざと大げさにする

前節で紹介した「すり夫」さんが実際に活躍した武勇伝を紹介します。

これは、何か問題が起きたとき、とくに、相手が何か言いがかりをつけて、迷惑料などを暗に請求されたりしたときに、それを解決する手段として役立ちます。

A社は伸び盛りのネット広告ベンチャー企業です。このたび、展開するサイトのトップページに、広告のクリック数を増やすために、有名メーカーの会社ロゴを羅列しました。事件はこの特集でおきました。

掲載メーカーの1つ「S電機」が、ロゴを無断で使用したとクレームを入れてきたのです。S電機は普段から取引がある間柄で、A社の担当者とS電機の担当者の間では、話が通っていることになっているのでした。

しかし、S電機の社内調整がうまくいかなかったうえ、嫌がらせを好む法務部長の性格から、今回のようなクレームにつながったのです。

「誰か、お詫びに行ってくれるヤツいないか？」

クレームを受けたA社の社長は、社内にそう呼びかけました。みんなの視線は1人の社員に集中しました。「すり夫」さんです。

「わかりました、私が行ってきます」

周囲のアツい視線に背中を押された「すり夫」さんは、即席で作ってもらった営業担当部長の名刺を持ち、さっそくクレームを入れてきたS電機の法務部を訪問しました。

先方は法務部長と担当弁護士が応対しました。

「うちが長年つくってきたブランドイメージを、おたくみたいな会社のサイトに勝手に使用されては困るんですよね。これじゃあ、まるでうちがおたくごときの会社を全面的に支援しているように見えるじゃないですか」

S電機の法務部長はそう言いました。

「御社とはここ数年来取引がございまして、この度、弊社サイトのリニューアルにともない、日ごろお世話になっている方々への感謝の意も込めて、ピックアップさせていただいたものでした」

と「すり夫」さんが答えます。

「なるほど、感謝を仇で返したわけだね。おたくみたいな会社に勝手に使われたら困るんだよねぇ。この落とし前、どうやってつけるの?」

「申し訳ございません、落とし前とはどのようなものでしょうか?」

「落とし前は落とし前だよ。誠意と言ってもいいね」

法務部長はイライラした調子で続けます。そして、ブランドイメージを毀損した金額として、迷惑料を提示してきたのです。

「まことに申し訳ございません。迷惑料となると、私だけでは判断できません。これは御社の総意として受け取ってよろしいのでしょうか。しかるのちは、弊社の社長と御社の社長の直接のお話となりますね」

「すり夫」さんが「社長」の名前を出したとたん、法務部長の態度が豹変しました。

「なんで、そこで社長が出てくるわけ？」

「いや、これほど大きい話ですから、弊社としましても、御社の代表者たる社長と直接お話し合いをさせていただいたうえで、責任の所在を明らかにしていく必要がございますもので……」

「そんなに大げさにしなくても。うちも金をとることが目的ではないんだ」

「寛大なご配慮に感謝申し上げます」

「ただね、うちの社内にも今回のロゴ使用に対して不満をもっているやつらがいるんだよ。そいつらを納得させるためにも、手土産が必要でね」

「手土産ですか？」

「そうだな、ほとぼりが冷めるまで、御社を出入り禁止にさせてくれ。1年か2年くらいでまた入ってこれるだろうよ」

「ありがとうございます。私に異存はございません」

言いがかりをつけてくる強い立場の相手に対して、どう受け答えをすればいいのかを示したものです。

まず、**基本的な戦法として、こちらから解決策を提示してはいけません。**常に相手に提示させ、その提示に矛盾があれば逆手にとって対処するのです。

この対処にはいくつか方法があります。

1つは、事態を大げさにする方法です。感情的なクレームの場合、役員や社長同士の応対にする、というひと言が効きます。

相手の立場になれば、事態が大げさになっていいことはありませんからね。このひと言で問題がうやむやになり、なし崩し的にフェードアウトできる場合もあります。

もう1つは、落としどころを考えて、どうやったら収まりがつくのかを考えることです。

これは「完勝しない」という原則にもフィットすることですが、**クレームを言ってきた人物のメンツを立ててあげることも考えておかなければいけません。**ここで注意したいのが、自社にとって直接的な損害、つまり金銭の賠償などが生じないようにすることです。

このあたりをおさえておけば、ある程度のクレームには対応できるはずです。

ルールその25

いいウソをつく

「ウソも方便」という言葉があるように、時には「ウソ」をつかなければいけない場面もあります。私は「ウソ」に関して次のような基準を持っています。

○　相手を褒めるウソ

×　相手に損させるウソ

たとえば、私はセミナーの講師を務めることがあるのですが、時々、答えに窮《きゅう》する、鋭い質問を受けることがあります。

いや、鋭いというより、嫌みな質問と言い換えてもいいかもしれません。

こちらが答えに窮《きゅう》することをわかったうえで、意図的に質問してくるケースがあるのです。これは私に対して謝罪を求めてきていることと同じです。

このように対応します。

「いまの質問、すばらしいです。先日、〇〇で有名なM商事の役員会に出席したのですが、そのとき企画担当役員の方から同じ質問をいただきました。かなり鋭い質問ですので、いますぐ手短に返答することはできません。のちほどでよろしいでしょうか」

M商事の企画担当役員の話はウソです。

しかし、これを言われた質問者は、悪い気はしないでしょう。「そうか、オレの視点はM商事の役員と同じくらい鋭いんだ」と、自分の見識に自信をもちます。

そうすると「講師を困らせてやれ！」という悪意はどこかに消え、「この講師は自分を褒めてくれる」という意識を植え付けることができます。

人間というのは、自分のことを褒めてくれる相手には攻撃しづらいものです。あえて相手を褒めるウソをつくことによって、自分に被害が降りかかってくるのを避けるのです。

◎実害を与えるウソは危険

逆に絶対についてはいけないのが**「相手に損させるウソ」**です。

このウソは、たとえあなたに対して悪意を抱いて近づいてきた相手であっても、使ってはいけません。

たとえば、投資で儲けるために、あなたが勤めている会社のインサイダー的な情報を聞き出そうとする悪意を持った人物がいたとします。「懲らしめてやろう」という意図があったとしても、その人物に「〇〇社からリコールの届け出があったらしいぞ」というようなウソはついてはいけません。

なぜなら、ウソがばれると相手が損をするからです。

損害を与えてしまうと、相手の恨みを買うことになります。相手に「実害」が生まれて

良いウソ

- 相手を気持ち良くするためのウソ
- 上司や自社の利益になるようなウソ
- 相手を気遣うためのウソ
- 相手のやる気を引き出すためのウソ
- 最悪、ウソだとばれてもいいウソ

悪いウソ

- 相手の気分が悪くなるウソ
- 相手に損害を与えるウソ
- 自分を誇示するためのウソ
- ウソだとばれるとまずいことになるウソ

しまうと、その恨みの根っこはとても深いものになります。

いずれ自分たちに手痛いしっぺ返しがくることでしょう。おかしな正義感を持って相手を貶《おとし》めようとしても、あなたが損をするだけです。

ほかにも「相手を貶めるウソ」や「他人をバカにするウソ」、それに「自分を誇示するウソ」もついてはいけません。

相手や他人だけでなく、自分にウソをついてまで大きく見せることも、相手に実害をおよぼす可能性が高くなるのです。

私は「ウソ」自体は決して悪いものだとは考えていません。重要なことは、相手をよろこばせるために「ウソ」を使っているかどうかなのです。

ルールその26

方針のブレは甘んじて受け入れる

「上司の方針がコロコロ変わる」

「言っていること一貫性がなくて、仕事の手間が増えるばかりだ」

こんな風に嘆く会社員の人は少なくありません。

たしかに、進めていた仕事が上司の方針転換によってやり直しになったら、モチベーションが下がってしまうものです。

しかし実際問題として、世の中には言うことがコロコロ変わる役職者はたくさんいます。

むしろ私の感覚では、立場が上の人間ほど、けっこうな頻度でコロコロ意見や考えが変わるようにすら感じます。

これは考え方を変えれば、臨機応変であるということです。

現場のプレイヤーの立場だと、とにかく目の前の仕事を終わらせることに意識を集中させてしまいがちですが、働くことの本来の目的はそうした作業を完了させることではありません。

役職者は、より俯瞰的な視点を持っているからこそ、状況の変化に合わせてつねに適切な戦術、戦略を練り直す必要性を実感しているともいえるのです。

実際、議員秘書をしているときも、議員の先生の言うことがそれこそ日ごとに変わるのは日常茶飯事でした。

これは考え方の違いであるともいえます。私たちは無意識的に「方向性がコロコロ変わるのは良くない」という先入観を持っていますが、それが本当に正しい、良いことであるかはわかりません。

こうしたことを勘案して、**「上司の意見がコロコロ変わるのは当たり前のことである」**と受け入れてしまえば、そうした方針変更に対応することも仕事の一部であるという意識に変わることができます。最初からそのように考えていれば、仕事のやり方もいろいろとやりようがあるものです。

たとえば優秀な議員秘書の場合、先生から言われた通りの仕事だけではなく、**「ちょっとわき道にそれること」「まったく正反対のこと」のケースもそれぞれ考えています。**

最初から「こんな方向性に変わるかもしれないな」と予測しながら仕事をすれば、すばやく対処できますし、余計なフラストレーションが溜まることもありません。

ルールその27

クレーマーには大げさな表現で返す

仕事をしている以上、ある一定程度の割合で、クレームはあるものです。たとえ理屈ではむちゃくちゃなことを言っていても、お客さまである以上、下手なことは言えません。

そんなときの鉄板方法があります。

まず、**クレームを言ってくる相手に「自分がイジメているみたい」と思わせるのが大切です。**

136ページでも述べたように、私はよくセミナーで講師に指名されることがあります。そのセミナーの参加者の中には、最初から意地悪な質問をして、こちらを困らせてやろうというクレーマー体質の方もいらっしゃいます。

これはセミナー講師をやっているかぎり直面する問題なので、クレーマーの方が悪いうんぬんの話ではありません。要はセミナー講師がどれだけクレーム処理能力を持っているのかが問題なのです。

私はそんなクレーマーに対してよくこんな風に応じます。

「尾藤、お前の言っていることはウソっぱち、まったく信用できないとおっしゃるのですね？　まことに申し訳ございません」

このように自分を徹底的に貶める謝罪をします。このとき、「まったく信用できない」と大げさに言い切ることが重要です。

ここで「いや、そんなことはない」と、相手にこう言わせたら勝ちです。「じゃあ、黙っていてください」という感じで話を先に進めます（もちろん、こんな直球の言い方はしませんが）。

少しのクレームでも、大げさに表現してしまえば、相手は「そこまでは言っていないのに……」と気おくれするものです。この隙をついてクレームを処理してしまうと、思ったよりもあっけなく、問題を処理できてしまいます。

ここでのポイントは、話を大げさにするのは、クレームの本旨とは関係のないところにすること。**クレームに正面から向き合うのではなく、「自分をそこまで貶めますか、あなたは」と暗にみんなが批判するような方向に、論点をずらしていきます。**

わかりやすく言うと、「信用できない」「ウソ」「うさんくさい」、そういった言葉を駆使して、話を大げさにしてしまうのです。

クレーマー体質の方は、周囲から浮いている場合も少なくありません。徹底的に自分が下手に出て、うまく周囲の同情を引いてしまえば、白い眼で見られるのはクレーマーの方なのです。

「先生、こっちだって同じセミナー代金払っているんですから、話を進めてください」。こんな意見が大勢を占めるのです。

イジメを見ていて楽しい人はそうそういません。その心理を利用したクレーム対処法の1つです。

それから、重要な対処のコツをもう1つ、お伝えしておきます。

クレーマーに対して、まともに対応してはいけません。まともに対応するとドツボにはまります。相手は普通の状態ではないのです。

クレームを言ってきた時点で特別な人物なのです。特別な人物に、常識的な対応をしては、よけいに問題をこじらせてしまいます。

たとえそれが相手を孤立させる非常識な対処法だったとしても、相手が通常の人物ではないので、躊躇する必要はありません。

意外と皆さん忘れがちですが、クレーム処理をするときに、必ずしも相手と同じ土俵にあがる必要はないのです。

ルールその28

待ち合わせ場所に着く順番を意識する

あなたが取引先のおエライさんと待ち合わせしていたとします。待ち合わせ場所はホテルのラウンジにあるカフェです。

10分前に到着してカフェに入ったところ、相手はすでにお店で待っていました。あなたは果たしてなんと言って席に着くでしょうか。

10分前に到着しているわけですから遅刻はしていません。そのまま何事もなかったかのように席に着くのでしょうか。

ほとんどの方、いや、社会的に常識のある方であれば、ほぼ100%の方が、「お待たせして申し訳ございません」「お待ちになりましたか？　すみません」という謝罪の言葉から入ると思います。

これは相手を待たせてしまったことに対する礼儀としての謝罪です。

しかし、別にたいした失態ではなかったとしても、相手に先に謝罪をさせると、話を主導して進められる場面がすでに用意されていることになります。

つまり、**自社でも先方の会社でもない場所で待ち合わせをする場合、何時に到着するかが問題なのではなく、「相手より先に到着する」ということが大切なわけです。**

これは逆パターンもあります。相手の立場が自分よりはるかに下の場合などは、相手が緊張しないように、わざと自分が5分ほど遅れて登場するのです。

人がもっとも緊張感を覚えるのは、対面した瞬間です。そこから時間をかけて緊張感が収まっていきますが、立場が低いほうとすれば間違いなく待ち合わせた初対面の瞬間が、緊張感のピークになるからです。

ルールその29

相手のソーシャル・スタイルを見極める

人が相手を評価する際、第一印象が重要であることはよく知られています。

「あの人は経理で理系出身だから、細かく神経質そうな印象がある」

「あの人は営業部で体育会系らしい。細かいことにはこだわらない印象がある」

このような勝手な先入観を抱きます。これは、どれだけ努力をしても防ぎようがありません。

社内評価は、同じ成績、同じ成果であったとしても、実際には好きな相手に「良い印象」を、嫌いな相手には「悪い印象」を抱いてしまいます。人間が評価する以上、好き嫌いの感情を完全に排除した評価をすることはできないのです。

進学や資格取得でも、似たようなことは起こります。テストの合格点に達しているにもかかわらず、面接の印象が悪く不合格になってしまうこともあります。結婚や恋愛でも、最初の印象が悪いと、相手の印象がくつがえることはなかなかありません。

世の中は、固定観念や偏見によって成立しているということです。ですから、相手にとって好ましい振舞いをして、相手にとって好ましい態度を取るべきでしょう。

とはいえ、人によって、どういう振舞いが好ましいものかが違います。とにかくやる気を見せるのが効果的な人がいれば、そんなことよりデータとロジックを重視する人もいるわけです。相手によって、自分の態度も変化させる必要があります。

ここで役立つのが**「ソーシャル・スタイル」**という理論です。これは１９６８年に産業心理学者のデイビッド・メリルとロジャー・リードによって提唱された概念です。

ソーシャル・スタイルは、人間の行動スタイル（社会的態度傾向）を類型化し、自己と他者との違いを認識し理解したうえで、対人関係の向上を図る考え方です。

各タイプの特徴に合わせて対人方法を変えることでコミュニケーションを円滑にすることができます。

次ページの図をご覧ください。

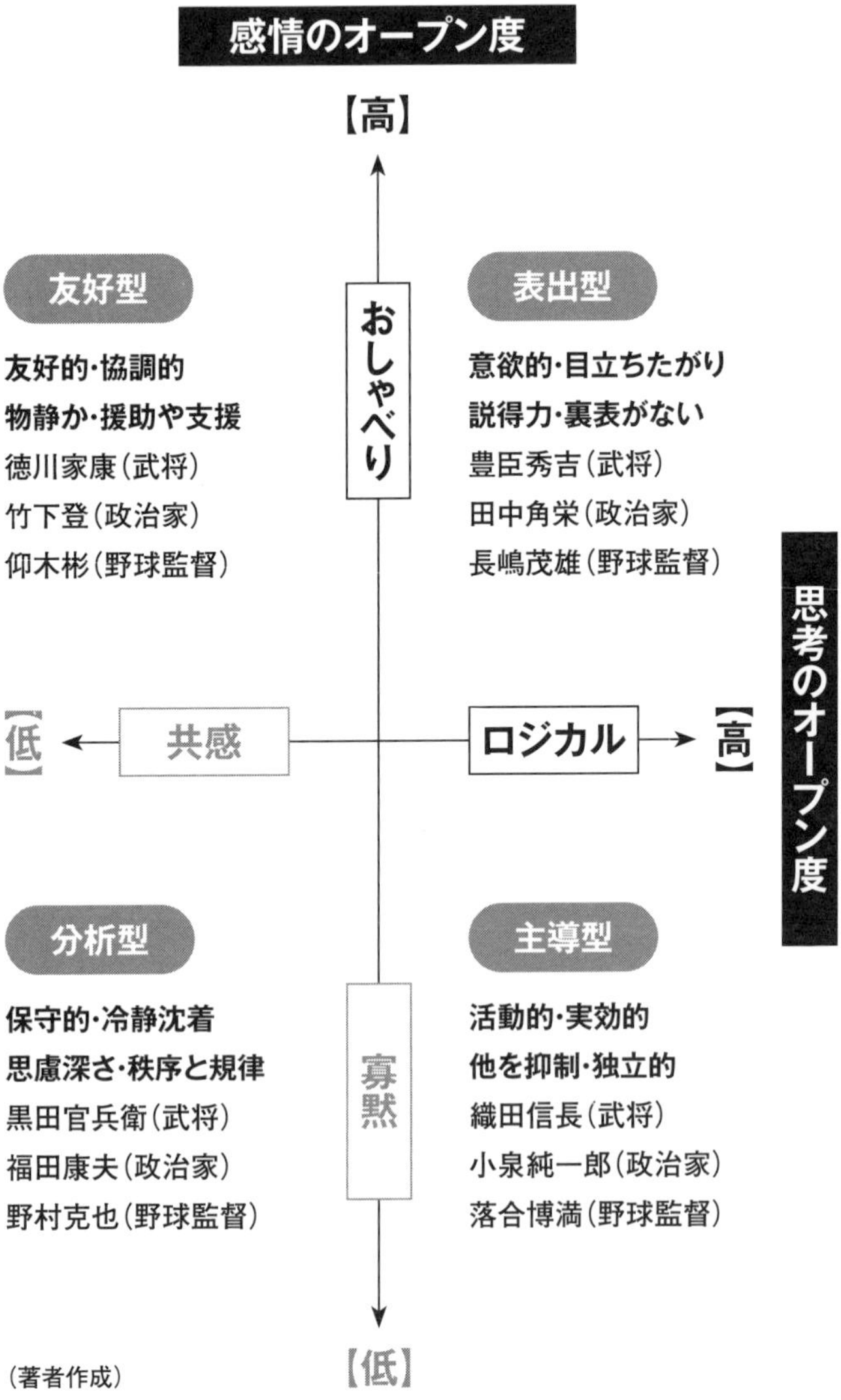
感情のオープン度
【高】
おしゃべり
友好型
友好的・協調的
物静か・援助や支援
徳川家康（武将）
竹下登（政治家）
仰木彬（野球監督）
表出型
意欲的・目立ちたがり
説得力・裏表がない
豊臣秀吉（武将）
田中角栄（政治家）
長嶋茂雄（野球監督）
思考のオープン度
【低】
共感
ロジカル
【高】
分析型
保守的・冷静沈着
思慮深さ・秩序と規律
黒田官兵衛（武将）
福田康夫（政治家）
野村克也（野球監督）
寡黙
主導型
活動的・実効的
他を抑制・独立的
織田信長（武将）
小泉純一郎（政治家）
落合博満（野球監督）
【低】

（著者作成）

この図の人物分類はあくまでもイメージですが、なんとなくスタイルの傾向がわかりませんか。

歴史上の人物で考えれば 自らの強い意志で行動し、有無を言わさずに周囲を従わせる織田信長は主導型でしょう。

評価されるポイントを的確に判断し、目立ちたがり屋の一面のある豊臣秀吉は表出型になります。

戦略に長け、全体を俯瞰する緻密さに優れた黒田官兵衛は分析型。

そして忍耐強く、友好釣な関係を構築しながら最後に天下をとった徳川家康は友好型になります。

政治家で見てみましょう。

郵政民営化で周囲の反対を押しのけ、反対勢力を一蹴した小泉純一郎は主導型。

自分のキャラづくりがうまくマスコミの影響力を熟知し振る舞っていた田中角栄は表出型です。

周囲の反対を押し切り、道路特定財源の一般財源化を閣議決定し、消費者行政を一元化するための消費者庁の新設などを実現した福田康夫は分析型。
人間力に長けて、絶対に敵をつくらなかったといわれている竹下登は友好型になります。
このように相手の言動や行動から分類が可能になります。

たとえば、先ほどの図表における主導型の人（織田信長）にビジネスプランをプレゼンするとしましょう。まずは緊張を和らげるために「本日はお日柄もよく〜」というような話をしたら、どうなるでしょうか。おそらく「用件は何だ！」「結論から話せ」と言われるはずです。

あるいは分析型（黒田官兵衛）に、いきなり「結論から申し上げます」と話したら、「途中のプロセスはどうなっているのか？」と言われるはずです。どんなにマニュアルを覚えても、相手のスタイルにマッチしなければ納得してもらいにくくなります。

相手がどういうタイプの人間で、どういう話の仕方をすればもっとも効果的なのかを予測してから、話をするようにしましょう。

ルールその30

他部署からの情報収集を怠らない

社内でのパワーバランスを把握しておくことは、自分の仕事で波風を立てない上で、非常に重要です。どの人とどの人の仲が良いのか、どの人が会社内で評価が高いのかなどの情報はあると便利です。

ではどのようにしたら情報を集めることができるでしょうか。

まずは、食堂です。人事部や総務部などのコーポレートスタッフの近くに座って、話かければいいでしょう。社内の食堂や外部の定食屋に限らず、食事の席では口は滑らかになるものです。

また、人事部や総務部の社員は、他部門の社員とあまり接点がなかったり、煙たがられていることが少なくありません。そういう人たちと仲良くなれば、自分の所属している部署の人間からは絶対に聞き出せないような貴重な情報を手に入れられる可能性が高くなります。

また、親しくなれば、相手から質問があるかもしれません。あなたが情報収集屋であると同時に、情報提供者になればいいのです。

次に情報が集まるのが「喫煙スペース」です。喫煙スペースは小さいところにいろいろな部署の人間が集まりますから、情報も集まりやすいという特徴があります。

喫煙者にとっては休憩も兼ねて行くので、仕事のことも仕事以外のことも気軽に会話ができるメリットがあります。リラックスしている状態だからこそコミュニケーションもとりやすく、5分程度の短い時間なので席も外しやすいのです。

会社によっては、社内のおエライさんが来るときもあります。飲み会以外での他部門との接触可能性を考えると、喫煙スペースなら会える可能性も高いはずです。だから侮《あなど》ってはいけません。

何気ない雑談が良好な人間関係につながる例も枚挙にいとまがありません。仕事や私生活で行き詰まったとき、利害の対立を抜きに人々が寄り合い、雑談に花を咲かせる場があるのは精神衛生上も大事なことです。これらの雑談は人事などの信憑性のあるものから、リストラに関するものまでさまざまです。

人事部や総務部の社員は、他部門のことを恐ろしいくらいわかっていない場合がありま す。とくに、ベンチャー企業で成り上がった社長のなかにはマネジメントを学ぶ機会がなく、内部の体制が未成熟であるケースが少なくありません。そのような会社であれば情報収集は難しくはありません。

情報収集の手法としてはあらゆる手段が存在します。良い情報も悪い情報も充分に踏まえたうえで、自身の判断で取捨選択することが必要です。

くれぐれも表面上の情報に惑わされないこと。しかしそのためには情報ルートが大切であることも忘れてはいけません。

第4章のまとめ

・ゴマすりを行い、目の前の相手に気持ち良くなってもらうことを意識する
・クレームをつけてきた相手にはこちらから解決策を提示しない。金銭を要求されたら事を大きくしようとして解決を試みる
・相手にメリットを与えたり、良い気持ちにさせるようなウソはついても良いが、相手に実害を与えるようなウソをついてはいけない
・上司の方針はブレるものだと認識し、それを前提に仕事をする
・相手のソーシャル・スタイルを見極め、それに沿ったコミュニケーションを心がける
・他部署などからも積極的に情報を収集し、社内の人間関係の把握に努める

コラム

部下が失敗しかけているときの対処法

以前、私はある大手コンサルタント会社で、部門の統括責任者の職にありました。若い部下のA君が営業で、ある一部上場企業のコンサルタント業務を引き受けてきました。ただ、私はA君から報告を聞いて愕然としました。彼はまだまだ経験が浅いため、ろくに値段交渉をせずに帰ってきてしまっていたのです。私はA君にこう言いました。

「よく激辛物産のコンサル業務を受注できたね。頑張ったね。ただ、この規模の会社にしては少しコンサル料が低めだね。激辛物産の売上は君の成績としてしっかり考慮しておくから、このあとの値段交渉を含め、一度、全部オレに任せてくれないか。たとえ失敗しても、君の成績には加味しておくよ。責任は全部オレにある」

ここでのポイントは

「A君を褒める」

「激辛物産の成績はA君のものと伝える」

「責任は全部自分がとる」

と伝えることです。

もし、値上げ交渉が失敗したときは部長である私の責任になりますが、A君には「君の成績」として考えるといっているので、「部長がつぶした!」という批判をある程度抑制できます。値上げ交渉が成功したら、それもA君の成績になるのですから、A君にリスクはないのです。次のような電話をかけました。

尾藤「今回の受注の件でご確認させてください」

激辛「何か問題でも?」

尾藤「実は御社クラスのご依頼で、このようなご提示をいただいたことは記憶にございません。何かの間違いかもと思いまして、ご連絡させていただいたのです」

〜その後、詳細説明と協議〜

激辛「社内でもう一度検討させてください」

やりとりの結果、報酬は10倍アップしたのです。これは極端な例かもしれません。しかし、A君が値段交渉をせずに帰ってきたミスに比べれば、グループとしての営業成績的には大きな差を生み出したことは間違いありません。

私がこのとき自ら積極的に動かず、A君に再交渉を任せていたとしたら、結果はもっと悪い方向に動いていたかもしれません。

下手な上司は、部下に尻拭いをさせがちです。私に言わせると、これがそもそもお門違いです。

上司は部下の責任を負うために存在します。部下が何か間違いを生じさせたら、積極的に動いて、チャンスに変える必要があります。そのためには、自分が動くことでその事実を挽回できるかどうかを、正しく判断することが必要になります。

第5章

文章で下手を打たないために

文章表現が稚拙なせいで
相手にあらぬ誤解を与えたり、
印象を悪くしてしまうのは
珍しいことではありません。
特に現代はメールやSNSなど、
文章だけで連絡しあうことも少なくありませんから、
どうすれば自分の気持ちをしっかり文章にして
相手に伝えることができるのかを
知っておくことが大切です。
文章を書くときの心構えから、
すぐに使える便利なワードまで、
文章コミュニケーションで
役立つ技術を伝授します。

ルールその31

文章で謝罪するときは説明を充実させる

謝罪は直接相手の顔を見て対面で行うのが鉄則ですが、ミスや不祥事で不特定多数の人に謝らなければならない場合、書面やメール、Ｗｅｂサイトの文章などで謝る必要が出てきます。

そんなときには、口頭での謝罪とは違う部分で気をつけなければならないことがあります。たとえ話を用いながら、まとめておきましょう。

Ａ社はコンサートなどのイベントを手がける会社です。有名タレントが参加する運動会を企画していました。

目玉は大人気のジェイズ事務所（仮名）のタレントが多数参加することです。なかでも、

「神楽坂18」の参加は大きな話題になっています。

ところが、イベント前日になってジェイズ事務所から、「神楽坂18」が参加できない旨の連絡がありました。

「神楽坂18」が参加することを楽しみにしていたファンは多く、「こんなことなら参加しなかった。ホテルなどの宿泊費はすでに払っている。かかる費用を支払ってほしい」

と言ってきたファンが大勢います。

このクレームにどのように対処すればいいでしょうか。

ポイントは2つあります。

・なぜこのような事態になったのか、経緯をきちんと説明する
・謝罪はするものの返金をしない姿勢を示す。

そもそも人が怒る原因には、「わからない」ことに対する不安もあります。なぜそうなったのかという「理由」と、これからどうなるのかという「対処」、そしてそこに誠意と謝意が見られればいいのです。

文章の場合は気持ちがなかなか伝えづらいものですから、ただ謝るだけで「理由」も「対処」も示されなければ、相手の不安は払拭されず、怒りも消えません。そのため、どういう経緯でそのような事態になってしまったのか、その詳細をファンの皆さんに伝えることが大切です。

そして2つ目のポイントは、怒りを消すためというより、自分の立場を守るために覚えておかなければならないポイントです。

クレームが来たからといって安易に返金したり、金銭で補償したりするのは会社に多大な出費をもたらすことになります。お金以外のサービスを提案し、出費を少なくしつつ、納得してもらう必要があります。

では、具体的にどのように謝罪すれば良いのか。謝罪文の例を見てみましょう。

ファンへの謝罪文

謹啓
このたびは、弊社が主催する「春祭り大運動会」にご参加いただき有難うございました。今回、ジェイズ事務所の「神楽坂18」が参加できなかったことで、楽しみにしていたファンの皆さまにご迷惑をかけたことをお詫びいたします。参加中止にいたった経緯は次のとおりです。

1. イベントの3ヶ月前にジェイズ事務所と契約を締結しました。
2. 前日に、ジェイズ事務所の「神楽坂18」が参加できない旨の連絡がありました。
3. すぐに、弊社社長がジェイズ事務所を訪問し「神楽坂18」のメンバー数名が体調不良により参加できる状態にないことを直接確認しました。
4. ジェイズ事務所との交渉により「神楽坂18」から「夢嵐」への変更を確認しました。
5. すり合わせに時間がかかり、皆さまへの通知が開催当日になりました。

このような流れになります。なお、今回の弊社の対応については次のように考えております。

・弊社イベントの優先サービス（チケット購入者全員）
・提携ホテル利用の際のレイトチェックイン・レイトチェックアウト
（チケット購入者全員）
・食事券のサービス（チケット購入者全員）

何卒、ご理解のほどお願いいたします。

敬白

釈明は端的に、説明は詳細に行います。

免責事項を出してもいいのですが、反発を買う恐れがあります。人気グループが参加しなかったのは会社の責任ではないことを暗に伝えられれば充分です。

対応も、会社にとって負担ができるだけ少ないものを選択します。

自社イベントの優先サービス。提携ホテル利用の際のレイトチェックイン・レイトチェックアウト、食事券のサービスは、ホテルとの交渉で決められるので会社にとって大きな負担にはならないでしょう。しかも、全員を対象にしているので不公平感がありません。

もちろん、これをやっても返金をしなければいけない場合もあるかもしれませんが、最初から返金するより、上記のような提案をして顧客としてつなぎとめておく姿勢を見せたほうが得策です。

イベントに参加できないのが会社の責任でない以上、素早い対応でファンに納得を求めていくことが大切です。

ルールその32

謝罪をうまく活用する

医薬品、医療機器、ヘルスケア関連製品を取り扱う「ジョンソン・エンド・ジョンソン」（以下、J&J）という会社があります。

同社は1982年9月30日にある事故に巻き込まれます。鎮痛剤のタイレノールを服用した7人が「突然死」をする不可解な事故が発生したのです。シアン化合物混入の疑いがありましたが、すぐには原因がわかりません。

事故直後、J&JのCEOであるジェームズ・バーク氏は対応チームを編成し、すぐにマスコミを通して「タイレノールを一切服用しないでください」という警告を発信し自主回収を行ったのです。

J&Jは重要な情報を包み隠さず発信し続けました。マスコミの厳しい追及を受けても誠意ある対応を取り続けました。

ホットラインが開設され、あらゆる情報が提供されました。

回収した商品の引換券が発行され補填も行います。

回収費用は日本円で100億円以上にのぼったといわれています。6ヶ月後、異物混入ができないようにカプセルや包装方法を変更して売り出します。

その結果、タイレノールの売上は事故前の90％近くまで回復しました。しかし、じつは現在でも、事故の原因はわかっていないのです。

J＆Jの対応は優れた危機対応策として、多くのビジネススクールや研究者に注目されました。これは、**危機が発生した際の対処方法によっては、逆に会社の信用が増す**ことを意味しています。

謝罪の方法はさまざまですが、状況次第では好転し誠意は共感されることがあります。

危機の発生をむしろチャンスと考えて平静に事に臨む姿勢も大切です。

もう1つ、これはレアなケースですが、謝罪をうまく活用できることもあります。

これはたとえ話で説明しましょう。

きずな経済社は大手ビジネス誌を発行しています。出版業界が不況といわれるなか創刊以降、順調に部数を伸ばしてきました。

とくに好評だったのが人気コラムニスト、一ノ瀬司氏（仮名）による経済学シリーズです。これまで「平安時代の経済学」「鎌倉時代の経済学」「室町時代の経済学」「安土桃山時代の経済学」とつづき、新年度からはシーズン5「江戸時代の経済学」がスタートしています。

ところが、著者の無理がたたり、過労でダウン。精密検査をしたところ、2ヶ月の絶対安静が必要と診断されました。人気シリーズだけに読者を裏切らない謝罪文を掲載したいと、きずな経済社では考えています。

連載の休載はよくあることですが、雑誌ではそっけない一文が載ることが一般的。楽しみにしていた読者にとっては物足りません。

ここは、**復帰を想定して期待を醸成しておくのが得策です。**ただし、硬すぎる表現ではなく、自筆を載せるなど工夫を凝らしたいものです。

読者への謝罪文

シーズン5「江戸時代の経済学」休載のお詫び

皆さま、一ノ瀬司でございます。
今週号の「江戸時代の経済学」から休載になりお詫び申し上げます。
じつは1ヶ月前あたりから体調不良でした。
どうにかごまかしながら書いていたのですが3日前にダウンしてしまいました。
検査の結果は胃潰瘍、無理がたたったようです。
近いうちに復帰しますのでお待ち下さい。
申し訳ございません。

現在、一ノ瀬司は入院中です。しばらく休載しますが復帰しますので少しの間、お待ちいただければと思います。

編集長　〇〇一良

ポイントは著者が登場することです。

自筆ならばなお効果的でしょう。痛みに堪えて、筆跡が流れていたり、病院のベッドの写真があれば完璧です。

この謝罪文は、単なる謝罪ではなく宣伝に近い効果が期待できます。読者の期待を一身に集めて、連載復活の際にはさらに話題となり宣伝効果が高まります。

また、編集部としても読者への感謝と、連載の意義を伝える大変いい機会となります。

編集後記として、編集長みずからの名前で、感謝と意義を語りながら、作者への期待（たとえば、潜在能力は折り紙つき、国内でも稀有な存在など）を記せば、休載の影響など凌駕してプラスに転じることができるはずです。

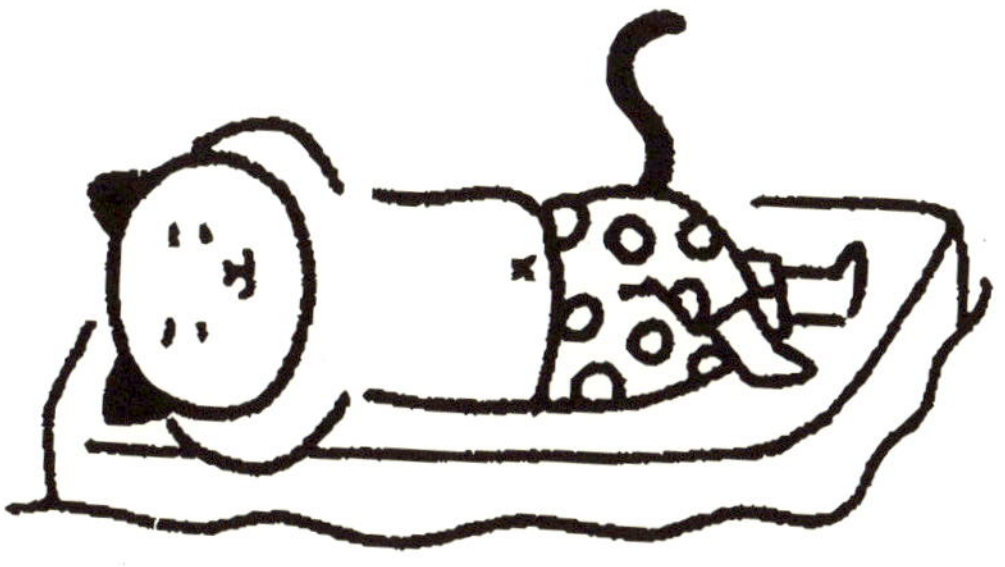

ルールその33

メールは漏れなく、手短に

いまは社内の連絡も、メールで行うケースが少なくありません。しかしメールは、相手がいつ読むのかわからず、電話に比べて微妙なニュアンスが伝わりにくいというデメリットもあります。

また、昨今のビジネスメールを見ていると、わかりにくい文章、不快な文章も多々見られます。メールは文章としていつまでも残ってしまう分、むしろ口頭でのコミュニケーションよりも細心の注意が求められるのです。

仕事の場で身だしなみを整えるのは社会人の常識です。人は見た目で印象を決めてしまうもの。「この人は清潔感があるから仕事ができそう」「この人はだらしないから仕事ができないだろう」などと勝手な先入観を持たれます。

メールも身だしなみが大事。簡単な文章１つとっても、ビジネスマンとしてできる、できないを判断されてしまいます。とくに、謝罪文の場合、言い訳に終始したり、用件がはっきりしないと、怒りを増幅する結果になってしまいます。

仕事の現場では日々大量のメールがやり取りされます。あまりに量が多いと、そっけない連絡や失礼な言葉遣いのメール、要領を得ないメールなどはつい後回しにしてしまいがち。まず、忙しい現代において優先されるべきは、短い時間で、的確に相手に要点を伝えることでしょう。

普段から取引のある相手であれば、挨拶は「いつもお世話になっております」だけでもかまいません。そして、親しくなった相手であれば、天気の話やちょっとした雑談を交ぜるのも相手との距離をより縮めてくれることになります。

さて、本題ですが、ビジネスメールの基本的な流れは、**「挨拶→何の連絡か→連絡内容の詳細→相手への気遣い→お願いのひと言」**です。

連絡内容についても、５Ｗ１Ｈ（だれが、どこで、いつ、何を、どうして、どうやって）

をしっかり盛りこみ、漏れのないようにしたいものです。この流れは謝罪メールでも同じです。

第4章「相手のソーシャルスタイルを見極める」で解説したように、相手のスタイルを意識した文面にしたほうがいいでしょう（例：主導型であれば短く簡潔にして、分析型なら論理的に説明する）。

また、**タイトルだけで相手に内容を伝えられるようなものにするのがベストです。**そして長文の場合には、「長文で失礼します」などのひと言を添えることも必要でしょう。相手への気遣いをうまく反映させなくてはいけません。

ルールその34

クッション言葉をうまく使う

メールには依頼、お断り、お詫びなどさまざまなシーンがありますが、どのようなシーンでも、相手を不快にさせないことが大事です。

そのために有効なのが、**「クッション言葉」**。ひと言加えるだけで、言い方がソフトになる魔法の言葉です。以下に覚えておくといいクッション言葉を使用例とともにまとめましたので、参考にしてください。

《何かを依頼する場合》

- **お手数をおかけしますが**（ご返却をお願いします）
- **恐れ入りますが**（もう少しお待ちいただけますか）

●**差し支えなければ**（教えていただけますでしょうか）

●**大変恐縮ですが**（ご確認をお願いします）

●**ご面倒をおかけしますが**（ご返答をお待ちしています）

●**可能であれば**（調整をお願いいたします）

《断る場合》

●**申し訳ございませんが**（対応できなくなってしまいました）

●**大変残念ですが**（お伺いできません）

●**あいにくですが**（その時間は不在にしております）

●**せっかくではございますが**（今回は欠席させていただきます）

《反論する場合》

●**お言葉を返すようですが**（貴社のご意見には賛同しかねます）

●**おっしゃることは理解できますが**（プランBのほうが成立しやすいかと思われます）

●**その通りではございますが**（同意しかねます）

《ネガティブな事柄を報告する場合》

●**大変申し上げにくいのですが**（A社のコンペは敗北となりました）

●**誠に勝手ながら**（その日はお休みをいただいております）

●**あいにくですが**（席を外しております）

クッション言葉を交えるだけで、相手を直接攻撃するような調子は弱くなり、相手との交渉もうまくいく可能性は高くなります。

ぜひこれらの言葉を活用してスムーズな人間関係を築き、ビジネスも成功させましょう。

ルールその35

文章はさくっと書いて、じっくり読む

文章は書いたら終わりではありません。書いた文章を読み返すことも、文章作成の大事なステップです。

構想から作成まで30分以内で一気に書き上げてみましょう。修正はあとでいくらでもできるからです。

文章を書き終えたら、全体の流れや表現に違和感がないかチェックをします。文章を書くとき、時間をかければいい文章が書けるわけではありません。時間をかけすぎるとリズムが失われる場合もあるからです。

そして、書くことと同じくらい力を入れる必要があるのが推敲《すいこう》です。文章をよくするための作業ですから、甘いチェックではいけません。

文章には責任が伴います。甘い姿勢では、必ず後悔するような文章になってしまいます。わかりにくい箇所はないか、間違い、勘違いがないかと、いつも自分の文章を批判するつもりで読み返してください。

推敲では、自分の文章とは思わないこと。相手になったつもりで、突っこみどころはないか、厳しい視点でチェックしましょう。また、より客観的に推敲するには次の方法もおすすめです。

★一晩寝かせて読み直す

書いた直後の自分の文章は、書き上げた満足感のためになかなか客観視できないもの。少し時間を置いてから読み直すと、気づかなかった点も見えてきます。

★印刷して読み直す

ＰＣ上の画面で文章を読んでいるのと、実際に印刷して読むのとでは見え方は大きく変わります。紙に印刷すると、一歩引いた視点で、ミスにも気づきやすくなります。

★声に出して読み直す

音読しながら読み返すと視覚、聴覚の両方で文章を確認することができ、文章の読みやすさを確認できます。誤字脱字も防げます。

★他人にチェックしてもらう

専門分野をわかりやすく解説するような文章なら、予備知識のない人に目を通してもらうといいです。専門的な言葉やわかりにくい書き方になっていないかなど「わかっている人には気づきにくい点」を指摘してもらえるはずです。

以上のような方法でしっかり読み返すと誤字、脱字、文法の間違いに加え、わかりにくい表現を発見できます。何より、文章を読み返すとリズムの調整ができます。すんなりと気持ちよく読めるかどうか、途中で詰まる場所はないかなど、何度も読み返して、文章の精度をあげていきましょう。

◎なぜ本を読むと文章がうまくなるのか？

また、文章力をアップさせたいなら読書がおすすめです。読書をよくする人は語彙《ごい》や表現方法が豊かです。同じことを言うにも、複数パターンの表現を有しているため、文章が単調にならずに済みます。

また、本を読むことで思考力が鍛えられるのも1つの理由でしょう。ロングセラーとして読み継がれている本には必ずなんらかの理由があります。名経営者や政治家はやはり大量の本を読み、表現力を磨いているのです。

読書というのはある種の**「知の格闘」**です。出された議題に対して、自分なりの解答を考える。その過程を通じて、自分の意見が練り固まり、論理的な文章が書けるようになるのだと感じます。

文章はコミュニケーションの一種。自分の意見や考えのない八方美人的な文章は当たり障りのない分、相手にも響きません。まずは書く前に読書を通じて、自らの思考を固める必要があります。

また、読書は推敲にも役立ちます。

自分の文章ばかり読んでいたら、それが正しいと思いこんでしまいますが、他者の文章に触れることで、「この表現のほうが適切だな」「この言葉の使い方は間違っていた」などということを知ることができます。

人に読んでもらう前に、まず自分も他者の文章を読んでみる。これが文章力をよりアップさせるために最低限、押さえておきたい秘訣です。

第5章のまとめ

・文章で謝罪する場合はただ謝るだけではなく、その事態に陥った「理由」と、これからの「対処」を説明することが大切
・トラブルが起きても、金銭的な補償はできるだけ実施しない
・謝罪によって逆に自社の信用力を高めたり、宣伝効果を狙うこともできる
・メールはタイトルだけで用件がわかるくらいの簡潔さを目指す
・クッション言葉を挟むことで文章をやわらかくする
・書き終えた文章は時間を置いてから読み直すなどし、しっかり推敲する

古代ギリシャの哲学者であるアリストテレスは、著書『弁論術』で次のように述べています。

「口答えしたり、罪を否定したりする者に対しては、我々は一層厳しい懲罰を加えるが、罰せられて当然であると認めている者に対しては、怒りをおさめる。人間は自分に刃向かってくる相手に対しては、主張している内容が正しかったとしても、言われた側は自分の意見を否定されたように感じて逆に怒りを覚える」

アリストテレスは約紀元前300年（今から約2300年前）の古代ギリシャの哲学者ですが、『弁論術』はレトリックの経典とされています。

レトリックとは、公衆の面前などにおいて、聴衆を魅了・説得する方法や、人間関係の原則を説いたものです。現代の私たちが思い悩んでいることは、すでに2300年も昔から変わっていないことを痛感させられます。

自分が正しいと思ったことを、周囲の反対・反発を押し切ってでも主張することは決して悪いことではありません。ただ、それには相応のリスクが付随します。ただ、実績も成果もなしにそのような行動に出るのは、リスクが高いと思うのです。

本書で紹介した内容は、今のビジネス社会で非常に大切な要素を含んでいます。上手く活用すればあなたに共感を持ってくれる人脈が広がることでしょう。

そして、社内外であなたの意見に賛同してくれる人たち、あなたと同じ意見や価値観を持っている人たちを巻き込んで、少しずつ大きな波へと成長していくに違いありません。

本書では、できるだけ穏便に働くコツを、事例を踏まえながら紹介してきました。本書があなたの手助けになる参考書になれば幸いです。

皆さんのご活躍をお祈りしています。

２０１９年4月　東京の自宅にて　尾藤克之

Profile

尾藤 克之（びとう・かつゆき）

コラムニスト、明治大学サービス創新研究所研究員。

東京都出身。代議士秘書、大手コンサルティングファームにて、経営・事業開発支援、組織人事問題に関する業務に従事、IT系上場企業などの役員を経て現職。監修実績として、リスクマネジメント協会の正会員認定資格（HCRM）がある。現在は障害者支援団体のアスカ王国（橋本久美子会長／橋本龍太郎元首相夫人）を運営している。

NHK、民放のTV出演、協力、経済誌の取材多数。現在、コラムニストとして、朝日新聞「telling,」「オトナンサー」「アゴラ」で執筆中。著書は『あなたの文章が劇的に変わる5つの方法』（三笠書房）、『即効！ 成果が上がる 文章の技術』（明日香出版社）など10冊以上。埼玉大学大学院経済学研究科博士課程前期修了。経営学修士、経済学修士。

【著者の連絡先】
Facebook　：https://fb.com/bito1212
Twitter　　：@k_bito

カバー・本文イラスト　力石ありか
校正　鷗来堂

波風を立てない仕事のルール

2019年5月1日　第1刷発行

著者　尾藤克之
発行人　櫻井秀勲
発行所　きずな出版
東京都新宿区白銀町1-13　〒162-0816
電話03-3260-0391　振替00160-2-633551
http://www.kizuna-pub.jp
ブックデザイン　土谷英一朗（Studio Bozz）
印刷・製本　モリモト印刷

ISBN978-4-86663-074-8

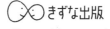